Hohl-
SPIEGEL

Fundstücke aus
15 SPIEGEL-Jahren

Hohl-SPIEGEL

Fundstücke aus 15 SPIEGEL-Jahren

herausgegeben von
Manfred Weber

SPIEGEL-BUCHVERLAG

Die Deutsche Bibliothek – CIP-Einheitsaufnahme

Hohlspiegel : Fundstücke aus 15 Spiegel-Jahren / Manfred Weber Hrsg. – 2. Aufl. – Hamburg : Spiegel-Buchverl.; Hamburg : Hoffmann und Campe, 1996
ISBN 3-455-15010-1
NE: Weber, Manfred [Hrsg.]

Schutzumschlaggestaltung: Thomas Bonnie
Satz: Utesch Satztechnik GmbH, Hamburg
Druck und Bindung: Clausen & Bosse, Leck
Printed in Germany

Inhalt

Vorwort

»Denn Lachen«, sagt der Philosoph, hier Aristoteles, »ist des Menschen Art.« Das ist wohl der Grund, daß viele SPIEGEL-Leser erst mal die letzte Seite aufschlagen, wo die Rubrik steht, die diesem Büchlein auch seinen Titel gab. Dort findet sich ein Potpourri von sprachlichen Entgleisungen, kuriosen Begebenheiten, von bürokratisch unverständlichen Formulierungen, von Politikerkauderwelsch, von Kleinodien deutscher Silbenstecherei. Woche für Woche erscheint in dieser Spalte eine Sammlung skurriler Verdrehungen, schlecht sitzender Sprachbilder, falscher Bezüge, hohler Phrasen; Fundorte sind Zeitungen, Gebrauchsanleitungen, Gesetzeswerke, Gerichtsurteile, Werbetexte. Und häufig sind die Fundstücke Zusendungen von SPIEGEL-Lesern, die damit dokumentieren, daß der *Hohlspiegel* auch eine demokratische Rubrik ist, wo sich das Volk selbst aufs Maul schaut.

Während Satire sich meist der Wirklichkeit nähert, indem sie Sachverhalte vergröbert oder übertreibt, schreibt sie sich im *Hohlspiegel* selbst, allein durch die Wiedergabe der Realität, einer zweiten Realität sozusagen, die hinter der ersten sichtbar wird. Eine sehr lebendige Welt tut sich auf, die gern im verborgenen geblieben wäre, wo sie sich doch gut versteckt wähnte in der Masse an Information, die tagtäglich über das Land schwappt.

Beinahe ein halbes Jahrhundert ist es her, daß die SPIEGEL-Redakteure die Rubrik *Hohlspiegel* anlegten. Der Ausdruck kommt aus der Physik und bezeichnet einen schüsselförmigen Spiegel, der das Spiegelbild vergrößert wiedergibt, aber auch eine gewölbte Fläche, die einfallendes Licht in einem Punkt bündelt. Und gerade so soll das hohlspiegelwürdige Fundstück pointiert und vergrößernd auf einen zeittypischen Sachverhalt, eine geistige Haltung, auf einen Bewußtseinszustand weisen. Bündig definierte einst einer der Chefredakteure des SPIEGEL: »Ein *Hohlspiegel* ist, wenn sich der Zeitgeist in den Hintern beißt.«

Gelegentlich hat die Entdeckung eines sonst geheim gebliebenen Ausrutschers Folgen, wie der Fall jenes CDU-Pressesprechers zeigt, der anläßlich der Wiedervereinigung in seiner Euphorie über die »deutsche Einheit« tremolierte: »Es war Gottes Handeln« und daraus schlußfolgerte: »Gott hat die Schuld des Mordes an sechs Millionen Juden vergeben.« Er mußte sich öffentlich entschuldigen, wie auch jene Immobilienfirma, die in ihrer Anzeige eine 95jährige Mieterin mit zur »Kaufpreisforderung« dazuschlug.

Daß vom Erhabenen zum Lächerlichen nur ein kleiner Schritt sei, das zu belegen ist durchaus erwünscht im *Hohlspiegel.* Aktiviert und in Übung gehalten werden soll das menschliche Organ, das merkt, daß mit diesem oder jenem Ausdruck etwas nicht in Ordnung ist, auch wenn wir nicht immer gleich den Finger auf den Defekt legen können.

Auch des Dichters Worte sollte der *Hohlspiegel*-Leser beherzigen. »Lächerlichkeit tötet nicht«, so Erich Kästner, »allenfalls die Lacher.« So spießt der SPIEGEL denn auch Stilfehler aus seinen Spalten auf. Etwa diesen aus einer Buchbesprechung 1996: »Und die Täter waren nicht Kämpfer für Recht und Freiheit, sondern Ideologen und Pathologen.«

Manfred Weber

POLITIK

CDU-Chef Helmut Kohl laut *Schwäbische Zeitung* Leutkirch: »Wir lassen uns unsere geistig-moralische Ordnung nicht von den Linken stehlen; das deutsche Vaterland hat Hitler überlebt und wird uns überleben, wenn wir nur wollen.«
11/1980

Aus einer Wahlkampfbroschüre der Jungen Union Dortmund Nord-Ost: »Wann ist die Bundesrepublik wieder in Ordnung? Wenn der Bundeskanzler Strauß am Grab von Willy Brandt die Witwe von Herbert Wehner fragt: ›Wer hat denn eigentlich Egon Bahr erschossen?‹«
35/1980

Libyens Staatschef Gaddhafi in seinem Glückwunschtelegramm zur Amtsübernahme von Präsident Reagan: »Die Mehrzahl der in den Vereinigten Staaten lebenden Indianer sind libyscher Herkunft.«
6/1981

Mainhardt Graf Nayhauß in seiner *Bild*-Serie über den Bundeskanzler (»Kohl vertraulich«): »Bevor er morgens sein Amtszimmer betritt, hängt er sein Jackett im Vorzimmer auf den Bügel. In dunkelblauer Strickjacke steht er dann hinter dem Schreibtisch, packt die schwarze Aktentasche aus und murmelt: ›So, so‹!«
7/1983

Welt-Chefredakteur Herbert Kremp in einem *Welt*-Kommentar über Bonns Regierungssprecher Peter Boenisch, der von 1978 bis 1981 selbst Vorsitzender der *Welt*-Chefredaktion war: »Er widmete sich dem Erfolgsjournalismus, der in Bild, Text und Textilien denkt, er machte *Bild* zum nachwirkenden Erfolg, und er versuchte, die *Welt* in Luftschichten zu tauchen, soweit die Flügel tragen. Peter Boenisch hat den Volkskanz-

lerton, er zieht den journalistischen Interpreten-Typ der Zeit an, den Ernst Jünger herablassend ›die Friseure‹ nennt.«
22/1983

Bundeskanzler Helmut Kohl in einem *Bild*-Interview über sein gutes Verhältnis zu US-Präsident Ronald Reagan: »Sie können in Washington an jeder Ecke hören, daß das auch für Präsident Reagan sehr wichtig ist und daß er immer wieder fragt: Was sagt Helmut dazu?«
11/1984

Der bayerische Staatsminister a.D. Otto Schedl in einer Festansprache anläßlich des 120jährigen Bestehens des Stenografenvereins Regensburg: »Es ist auch der Idealismus der jungen Leute von heute, von dem dieser Verein getragen wird – junger Leute, die stenografieren anstatt zu demonstrieren oder zu protestieren.«
21/1984

Kanzler Kohl in der *Tagesschau:* »Viele waren von der schnellen Entscheidung für Herrn Ost überrascht; ich nicht, denn ich habe sie ja selbst getroffen!«
29/1985

Aus einem Kommentar der *Hamburger Morgenpost:* »Viele Köche verderben den Brei, aber ein Kohl macht nicht einmal eine echte Krise fett. Die Locken, die der Enkel Konrad Adenauers im Libyen-Drama auf seiner politischen Glatze drehte, rufen nach Chopins Trauermarsch.«
18/1986

Aus der Programmankündigung der *Stadtzeitung für Aachen:* »Hauptkundgebung des Katholikentages, u.a. mit Helmut Kohl (Birne) und Johannes Rau (Ersatzbirne).«
39/1986

Überschrift in der *Frankfurter Neuen Presse:* »Neuer SPD-Mann ist ein Mann.«
8/1987

Aus einem Argumentationspapier der Hamburger FDP: »Damit von Dohnanyi eine Chance behält: FDP… Ich wähle FDP, weil Perschau ohne sie keine Chance hat… Der CDU zuliebe: Diesmal FDP.«
20/1987

Der Bayerische Rundfunk in einem Kommentar zur Kieler Affäre: »Rücksicht, das muß für Barschel wohl ein Fremdwort gewesen sein. Er ist über Leichen gegangen, sogar über seine eigene.«
51/1987

Der *Bundestag Report* über eine Parlamentsrede Helmut Kohls: »Ausdrücklich hob er hervor, daß er dabei auch als Vorsitzender der CDU spreche, die damit sehr bittere Erfahrungen gemacht habe.«
3/1988

Aus dem *Göttinger Freizeit Magazin:* »Wolfgang Thielbörger, FDP-Politiker und engagierter Tierfreund, hat gelegentlich einen treuen Bettgenos-

sen: seinen Boxer. Hygieneprobleme fürchtet er nicht: ›Ich hatte schon Frauen im Bett, die nicht so sauber waren wie mein Hund.‹«
33/1988

Aus der *Bild*-Zeitung: »Kohl schwebt über dem Wasser, denn keiner kann es ihm gegenwärtig reichen.«
41/1989

Aus der *Bild*-Zeitung: »Bush und Gorbatschow, jetzt geht der Frieden richtig los.«
23/1989

Aus einem gemeinsamen Einladungsschreiben mehrerer Frankfurter SPD-Ortsvereine: »Den Widerstandskämpfer Ludwig Gehm und das Buch über seine schrecklichen Erlebnisse während der Zeit des Faschismus wollen wir Ihnen bei Apfelwein und Brezeln vorstellen am Donnerstag, dem 20. Juli 1989, 19.00 Uhr.«
30/1989

Die *Bild*-Zeitung über Helmut Kohl auf dem Flug nach Berlin: »Helmut Kohl ›full in action‹. Sein Gesicht ist vor Erregung gerötet, der Windstoß der Weltgeschichte teilt ihn.«
47/1989

Aus dem Reisekostenrecht des Bundes: »Stirbt ein Bediensteter während einer Dienstreise, so ist damit die Dienstreise beendet.«
48/1989

Klage einer 13jährigen Realschülerin bei einer Umfrage der Zeitschrift *Eltern:* »Anständige Politiker gibt es überhaupt nicht mehr. Denn die, die man dafür hält, sind vom SPIEGEL bloß noch nicht erwischt worden.«
8/1990

Die *Hamburger Morgenpost* zur ZDF-Talk-Show *Live:* »Zwischen Lafontaine und Röller saß Monika Hohlmeier als Weltkind der Mitten. Ihr Vater, Franz Josef Strauß, falls er auf Wolke sieben fernsehen kann, wird seine Freude an ihr gehabt haben.«
14/1990

Aus der Thüringer Tageszeitung *Freies Wort:* »›Freies Wort‹ ist der in der jeweils gültigen Verfassung festgelegten rechtsstaatlichen und demokratischen Ordnung verpflichtet.«
32/1990

Aus einem Programmangebot der Nachrichtenagentur Rufa: »Die britische Premierministerin Maggie Thatcher hat in einem Fernsehinterview die Äußerungen ihres Handelsministers Ridley verteidigt. Ridley hatte den Bundeskanzler mit Kohl verglichen.«
32/1990

Alfred Dregger, CDU/CSU-Fraktionschef, in der *Bunten:* »Wer ein sozialistisches Brett vor dem Kopf hat, sieht in Steuererhöhungen ein Allheilmittel und kann nicht verstehen, daß Steuererhöhungen – wie sie die CDU-geführte Bundesregierung verwirklicht hat – zu mehr Steuereinnahmen führen. Das ist aber so.«
39/1990

Aus einer Mitteilung des CDU-Stadtverbandes Weinstadt in der *Weinstadt-Woche:* »Am 3. Oktober wurde ein Traum Realität. Deutschland ist wiedervereinigt. Noch ein Jahr zuvor gab es keinen deutschen Politiker, der dieses Ziel verfolgte, und keinen ausländischen, der dies wünschte. Somit kann sich letztlich kein Mensch des Verdienstes rühmen, die deutsche Einheit zuwege gebracht zu haben – es war Gottes Handeln. Gott hat die Schuld des Mordes an sechs Millionen Juden vergeben.«
43/1990

Amtliche Bekanntmachung aus dem *Mitteilungsblatt Frickenhausen* in Baden-Württemberg: »Nachdem in der öffentlichen Sitzung des Ortschaftsrates keine Zuhörer anwesend waren, konnten auch keine Fragen an den Ortsvorsteher gerichtet werden.«
8/1991

Aus einer Anweisung der Bundestagsverwaltung: »An alle Mitarbeiter des Fahrdienstes. Aus gegebenem Anlaß weise ich erneut darauf hin, daß bei Gesprächen mit Fahrgästen, vor allem

mit Abgeordneten, dienstliche Angelegenheiten zu vermeiden sind; größte Zurückhaltung ist insbesondere in der Frage des zukünftigen Regierungssitzes Berlin oder Bonn zu üben.«
18/1991

Aus der *Passauer Neuen Presse:* »In jedem Fall zahlt seine Familie einen bitteren Preis: Sie kommt nicht zu der Ruhe, die Barschel auf so schreckliche Weise in einem Genfer Hotelzimmer gefunden hat.«
36/1991

Reaktionen auf Goppels Tod

„Ein Segen für Volk und Land“

Aus der Weidener Zeitung
Der neue Tag
3/1992

Das *Hamburger Abendblatt* über den Tod des ältesten Sohnes von Konrad Adenauer: »Der promovierte Jurist, der die deutsche Energiewirtschaft mitgestaltete, starb nach einer Ohnmacht vor dem Fernsehgerät. Er hatte eine Sendung über den neuen Bundeswirtschaftsminister Rexrodt gesehen.«
5/1993

Aus der *Bild*-Zeitung: »Kohl hat immer noch Schnupfen, auch die Bronchien sind angegriffen. Nur ein paar Minuten in der warmen Südsonne, und Kohl entschlummerte sanft. Nur ein paar Geier schauten zu.«
10/1993

Die *Hamburger Morgenpost* in einer Chronologie des Engholm-Rücktritts: »13 Uhr: Tröpfelnd treffen die Präsidiumsmitglieder im Ollenhauer-Haus ein.«
19/1993

Aus der *Frankfurter Rundschau:* »Neofaschisten regieren in Italien nun doch mit / Besorgte Reaktionen / Kohl schickt Glückwünsche
20/1994

Aus den *Wolfsburger Nachrichten:* »Empörte Bauern aus Diepholz trieben Schweine vor den Bundestag. Landwirtschaftsminister Jochen Borchert sprach mit ihnen.«
22/1994

Aus dem SPIEGEL: »Gerüchte vom Ableben des Reformers laufen freilich jeden Sommer um, seit der dreimal kaltgestellte Machiavellist vor 16 Jahren die Macht zum viertenmal an sich riß. Meist sind sie falsch.«
37/1994

Warnung an Kroatien-Urlauber

14 deutsche Tornados sind einsatzbereit

Aus den *Ruhr Nachrichten*
33/1995

Politikverdrossenheit

Das für Samstag, 29. April, vorgesehene Jugendforum der evangelischen Kirche zur „Politikverdrossenheit Jugendlicher“ muß mangels Teilnehmer ausfallen.

Aus der *Frankfurter Rundschau*
19/1995

Aus dem SPIEGEL: »Deutsche ›Tornados‹ flogen bereits in aller Stille wochenlang über Bosnien.«
37/1995

Unschuld nicht mit hohem Amt vereinbar

Rücktritt von Nato-Chef Claes

Aus dem Berliner *Tagesspiegel*
44/1995

Aus der Rede der Bundesministerin für Familie, Senioren, Frauen und Jugend Claudia Nolte am 26. Oktober 1995 im Bundestag: »Frauen werden in wirtschaftlich schwierigen Zeiten eher entlassen und später als Männer wieder eingestellt.«
47/1995

Aus der *Mittelbayerischen Zeitung:* »Politisch motivierte Gewalttaten sind in Bayern um 11,4 Prozent zurückgegangen. Die demokratische Grundordnung sei dadurch nicht gefährdet, meint Innenminister Günther Beckstein.«
12/1996

Rau: Schwarze Schafe im Rinderhandel unerbittlich verfolgen

Aus dem Bonner *General-Anzeiger*
24/1996

WIRTSCHAFT

Die *Frankfurter Rundschau* in einem Kommentar über das europäisch-sowjetische Erdgasröhrengeschäft und das von Washington geforderte Embargo: »Vielleicht versickert der ganze so unnötige Streit im Laufe der nächsten Monate doch noch wie das berühmte totgeborene Kind im Sande.«
32/1982

Schlagzeile einer groß angelegten Anzeigenkampagne für ein Preisausschreiben des Katzenfutter-Herstellers Effem: »Das neue Whiskas. Wer uns sagt, wie es schmeckt, kann gewinnen.«
43/1983

Die *Frankfurter Allgemeine:* »VW hatte kürzlich beim Patentamt in München gegen die Eintragung des Wortes ›Apollo‹ Einspruch zu erheben. Apollo, hieß es, kollidiere mit dem VW Polo, vor allem in bayrischer Mundart. Wenn man sage ›Ein Polo ist…‹, dann spreche sich das in Bayrisch so aus: ›A polo is…‹«
2/1984

Bildunterschrift in der *Main Post:* »Die Köpfe von Brandt, Genscher und Kohl sind neben bereits bewährten Horrormasken neu im Angebot des Coburger Faschingsmasken-Herstellers Krautwurst.«
10/1987

Aus einer Geschäftsanzeige im Berliner *Tagesspiegel:* »Besonders hochwertigen Kunstrasen führen wir auch in aktuellen Modefarben, z.B. Schwarz, Weiß, Grau, Rot oder Blau.«
18/1987

Aus der *Hannoverschen Allgemeinen Zeitung:* »Etwa die Hälfte der Befragten im Einkaufsbereich verdient mehr als 116000 DM, die andere Hälfte weniger.«
19/1987

Aus einer Presseinformation der Opel-Werke: »Als an Autos noch niemand dachte, lief die Produktion in Rüsselsheim auf vollen Touren.«
20/1987

Aus dem BMW-Kundenmagazin *M:* »Tieflader mit BMW-Karossen donnern über die Landstraßen. Das ist Alltag und so selbstverständlich wie die Wegkreuze, die allenthalben Zeugnis geben vom Leiden Christi.«
21/1987

Aus einem Beipackzettel für Vogelfutter: »Tierhalter, die Billigfutter kaufen, sagen dann: ›Nun – das frißt mein Vogel doch auch!‹ Das ist richtig. In der Not frißt der Teufel Fliegen. Die Zuchthäusler essen auch ihre oft magere Kost, und die Menschen der Dritten Welt sind ebenfalls mit jeder

Nahrung zufrieden. Aber warum sollen unsere Tiere darben, wenn sie mit Vitakraft gesund und glücklicher sein können.«
23/1987

Aus einer redaktionellen Konzeption für eine neue PR-Zeitschrift der Daimler-Benz AG: »Obwohl ›Mercedes-Benz in aller Welt‹ ein PR-Medium ist, sollen die Themen glaubwürdig dargestellt werden, da dem Leser häufig auch aus anderen Quellen Informationen zugänglich sind.«
26/1987

Aus der *Lebensmittel Zeitung:* »Die Bundesregierung hat durch den Staatssekretär im Bundesumweltministerium Stroetmann die Aussage des Coca-Cola-Konzerns, daß bei Verwendung einer 1,5-l-PET-Kunststoff-Flasche der Produktinhalt um 50 Prozent höher liege als bei einer 1-l-Glas-Einwegflasche, bestätigt.«
17/1988

Aus dem Jahresbericht der Finanzberatungsgesellschaft Interfinanz: »Welcher Nato-Soldat

sehnt sich danach, die unwirtlichen östlichen Länder zu besetzen, ihre unattraktiven Frauen zu erobern und ihren Borschtsch mit ihnen zu teilen? Aber welcher Rote Soldat würde nicht liebend gern, selbst unter Gefahren, nach Westen marschieren, die reichen Bürger dort ausplündern und ihre schönen Frauen nehmen?«
23/1988

Die *Berliner Morgenpost* über die Vorbereitungen zur Tagung des Internationalen Währungsfonds (IWF) und der Weltbank: »Mehr als 1000 Journalisten haben sich angesagt, 300 Plätze mit Schreibmaschine, darunter mechanische für Journalisten aus Entwicklungsländern, stehen bereit.«
40/1988

Die *Süddeutsche Zeitung* über die Arbeitszeit bayerischer Beamter: »Nach dem 1. April 1990 wird der reguläre Dienst am Freitag um weitere 30 Minuten verkürzt und beträgt dann eine ganze Stunde.«
10/1989

Moderne Fotosetzerei (Nä. Ostbahnhof) sucht ab 1. September 89 aufgeschlossenen

Schriftsezter-Azubi

Filmsatz GmbH, München-Ost, [redacted]

Aus der *Süddeutschen Zeitung*
34/1989

Zahnärztliche Mitteilungen: »Bieten Zahnärzten bei Aufträgen von zahntechnischen Leistungen langfristige Jagdmöglichkeit in herrlichen Revieren nördlich München. Vermittlung von einer super Eigenjagd möglich. Auch unser Hochwildrevier in Deutschland (Südbayern) steht Ihnen zur Verfügung. Seriöse Anfragen unter ZM 11060«
39/1989

Aus der *Brigitte:* »Heißer Tip am Wohnungsmarkt: Todesanzeigen lesen.«
41/1989

Aus einem Widerspruchsbescheid der »Zentralstelle für Arbeitsvermittlung« in Frankfurt: »Eigeninitiative kann grundsätzlich nicht gefördert werden.«
49/1989

Aus dem Informationsdienst *Context:* »Gewöhnen Sie sich nur gleich daran, im Gespräch mit Ostdeutschen den westlichen Teil der von Kanzler Kohl geplanten Konföderation immer nur als ›BRD‹ (Pä Är Tä) und den Ostteil stets als ›DDR‹ (Tä Tä Är) zu bezeichnen. Dieses kleine verbale Opfer lohnt sich: Denn im Gegenzug für diese Höflichkeit bekommen Sie ein großes Geschenk: Einen nagelneuen Markt. Nicht mehr und nicht weniger.«
51/1989

Aus einer Dienstanweisung der Kassenärztlichen Vereinigung Frankfurt: »Besucher aus Polen: sofort liquidieren, da kein Abkommen besteht.«
51/1989

Aus der *Eckernförder Zeitung:* »Ob auf dem Frühstückstisch, in der Hand der Hausfrauen oder in der Faust wütender Demonstranten: Eierwerbung wirkt: Täglich millionenfach verkauft und zerschlagen, kommt sie in aller Munde.«
10/1990

Aus dem Prospekt einer Hamburger Immobilienfirma: »Die Kaufpreisforderung beträgt DM250000,– inklusive Mieter.«
11/1990

Das Handbuch zur Währungsunion!

„Mit 333 DM im Monat
satt, gesund und glücklich
ins nächste Jahrhundert"

260 Seiten, Kart., 2. Auflage
DM 25,00 + 2,50 Versand (bar/Scheck)

Rocamar · Schönhauser Str. 22
1000 Berlin 41

Aus der *Tageszeitung*
24/1990

Exilrussischer Offizier sucht Stelle in Kindergarten od. Ähnliches
⊠ BB62759, Pf. [redacted] 7030 Böblingen

Aus dem *Böblinger Stadtanzeiger*
35/1990

Aus dem *Reitsport Magazin:*
»Die Alternative! Wenn Ihr Pferd nicht den langen strapaziösen Transportweg ins Ausland machen soll, dann rufen Sie uns an!
Großschlachterei WERTHIS GmbH«
30/1990

Aus der *Pirmasenser Zeitung:* »Wir brauchen frisches Blut für unser Team: Arzthelferin für chirurgische Praxis gesucht.«
46/1990

Aus der *Bild*-Zeitung über Monika Wulf-Mathies: »Gern wäre die Kaufmannstochter mit den Katzenaugen Dirigentin. Dabei dirigiert die ÖTV-Chefin in Tariffragen kräftig mit: Was 5,8 Millionen Deutsche verdienen, geht zum großen Teil auf ihr Konto.«
51/1990

Nachtfahrverbot auch tagsüber
Umweltwoche wirft ihre Schatten voraus / Viele Aktionen

Aus den *Sylter Nachrichten*
28/1991

Urteil des Landesarbeitsgerichts Berlin, veröffentlicht in der *Frankfurter Allgemeinen:* »Eine Stasi-Mitarbeiterin, die im Rang eines Oberfeldwebels Küchendienste (Kartoffelschälen) für ihr Ministerium verrichtet hat, ist als Sachbearbeiterin für Hundesteuer in der Finanzverwaltung untragbar.«
13/1992

Raiffeisenbank informierte über das Erbrecht

Testament bereits zu Lebzeiten machen

Aus der *Gelnhäuser Neuen Zeitung*
16/1992

Aus der *Hannoverschen Allgemeinen Zeitung:* »Die Landesregierung will die dürregeschädigten Bauern nicht im Regen stehenlassen.«
33/1992

Aus der Zeitschrift *Touristik Report* über die Lufthansa-Mißwirtschaft und den Lufthansa-Finanzvorstand Klaus Schlede: »Jetzt muß der Finanzmann die Hosen runterlassen. Was dabei sichtbar wird, erschreckte selbst seine Vorstandskollegen.«
37/1992

Veba-Betriebsrat klagt nach Explosion über Personalmangel

Aus der *Westdeutschen Allgemeinen Zeitung*
43/1992

Aus einer Anzeige der baden-württembergischen Landesgirokasse: »Wir danken allen Kunden, Freunden und Mitarbeitern, die uns über 175 Jahre die Treue gehalten haben.«
20/1993

Aus der Göppinger *NWZ:* »Das Vakuum, das Steinkühler hinterläßt, ist mit Händen zu greifen.«
23/1993

Aus der *Rhein-Main-Presse:* »Überraschend schließe ich am 30. September 1993 meine Praxis auf dem Lerchenberg. Meinen Patienten danke ich und bitte darum, sich vertrauensvoll einem

Kollegen ihrer Wahl zuzuwenden. In der Hoffnung, daß die Blüm- und Seehoferschen Gesundheits-Gesetze sich nicht so schlimm auswirken wie im früheren Ostblock, bleibe ich mit allen guten Wünschen Dr. H. D. Müller, Zahnarzt, Tizianweg 26, Telefon (06131) 71326.«
40/1993

Aus der *Westdeutschen Allgemeinen:* »Junge Frau sucht ab sofort oder später neue interessante Tätigkeit, auch artfremd. Zuschr. unter [redacted]«
44/1993

Aus der Zeitschrift *Grundstück international:* »Der Umzug in Steueroasen mag sich also für diejenigen empfehlen, die berufsbedingt nicht auf deutsche Betriebsstätten angewiesen sind, Künstler, Sportler, Schriftsteller u.ä. seltene Vögel.«
51/1993

Aus einer Werbepostille der Telekom: »Wenn Sie sich zum Thema einer Talk-Show äußern wollen, wählen Sie die eingeblendete Rufnummer, die

mit 0138 beginnt, und sagen der TV-Redaktion Ihre Meinung. Von dort aus werden Sie nicht selten live mit dem Moderator verbunden. Dabei zahlen Sie für eine Minute nicht mal 70 Pfennig und nach 18.00 Uhr sogar nur noch die Hälfte. Sie sehen: Sie haben mehr zu sagen, als Sie vielleicht denken. Das nennt man ›Demokratie‹.«
51/1993

Die BASF-Gruppe ist 1994 gut gestartet – Weitere 4000 Stellen sollen abgebaut werden

Aus dem *Viernheimer Tageblatt*
13/1994

Aus der *Neuen Ruhr Zeitung:* »Der Schwerpunkt der Arbeitslosigkeit lag im Norden der Stadt. Hier sind 17,7 Prozent aller Erwerbslosen ohne Beschäftigung.«
33/1994

Aus dem *Hamburger Abendblatt:* »Haben Sie Spaß an Zwangsvollstreckung? Wir suchen als Verstärkung eine Sachbearbeiterin, möglichst

Anwaltsgehilfin. Die Kolleginnen sind nett, und wir liegen verkehrsgünstig. Anwaltspraxis Kording & Partner, Holzdamm 53, 20099 HH, Tel. 246644«
35/1994

Aus dem neuen Berliner Taxi-Tarif-Prospekt: »Für 5 Mark bringen wir ganze Familien um die Ecke!«
44/1994

Falls Ware ausverkauft – keine Bange – der Preis gilt weiter!

Aus einer Wurfsendung des Penny-Marktes, Hannover
20/1995

Aus dem *Wetterau Einkauf Tip:* »Gr. Bauernhof, Nähe Freiensteinau, m. Oma zu verk. 2-FH, 3 Nebengeb., 23 ha. Land, Zukauf o. -pacht mögl., VB 300000,–DM.«
21/1995

Aus dem *Ahrensburger Markt:* »Der Maler: Bei uns wissen Sie vorher, was es nachher kostet. Selbstverständlich unverbindlich. Tel. [redacted]«
25/1995

Weniger arbeiten – dafür länger

Aus der *Aachener Volkszeitung*
34/1995

Aus *Computer & Co.*, dem Magazin für Computer & Kommunikation in der *Süddeutschen Zeitung:* »Kaum noch gefragt ist hingegen der Monochrom-Bildschirm, was allein auf die geringe Nachfrage zurückzuführen ist.«
12/1996

AUSLAND

Großbritanniens Premier Margaret Thatcher über die Lohnforderungen der Gewerkschaften: »Die Menschen können jede Lohnerhöhung haben, die sie wünschen – vorausgesetzt, sie verdienen sie.«
17/1981

Ein norwegischer Fernsehkommentator nach dem 2:1-Sieg der norwegischen Fußballnationalmannschaft über England: »Lord Nelson, Sir Winston Churchill, Lord Beaverbrook, Sir Anthony Eden, Sir Attlee, Lady Diana, England, das Mutterland des Fußballs, Margaret Thatcher, kannst du mich hören? Wir haben sie geschlagen, wir haben euch alle geschlagen. Es ist unfaßbar, unglaublich.«
38/1981

Aus dem Hamburger Bilderblatt *Wochenend:* »Charles küßt seinen Hund und dann Diana. Dadurch besteht Gefahr fürs Baby. Und die Prinzessin verzichtete natürlich ab sofort auf die Zärtlichkeiten ihres Mannes.«
11/1982

In einem Bericht über Sicherheitsprobleme im Londoner Buckingham Palast schreibt die *Frankfurter Allgemeine:* »Im August vorigen Jahres stellte man innerhalb der Mauern einen Mann, der angab, in Prinzessin Anne verliebt zu sein; man hielt ihn für geistesgestört.«
30/1982

Die sowjetische *Literaturnaja gaseta* in einem Artikel über eine Raketeneinheit der Roten Armee: »Die Rakete – Teil der Natur und des Kosmos, Ausdruck uralter menschlicher Träume, von Höhlen, von Felsmalereien. In ihr – die Seele Gefallener im Kampf des Infanteristen und noch nicht geborener, zukünftiger Generationen.«
47/1982

Hinweis am Schwarzen Brett im Presseraum des Weißen Hauses für Journalisten, die US-Präsident Ronald Reagan und seine Frau nach Japan begleiten und über Nancy Reagans Besuch einer Ausstellung im Anbau des Akasaka-Palastes in Tokio berichten wollten: »Achten Sie darauf, saubere Socken ohne Löcher zu tragen, denn Sie werden aufgefordert werden, vor Betreten des Anbaus die Schuhe auszuziehen.«
46/1983

Aus *Der Fremdenverkehr:* »Der britische Gast ist pflegeleicht und trinkfest, er wäre für Oberbayern ideal. Warum fahren alle Engländer nach Tirol weiter?«
5/1987

Aus der *Neuen Zürcher Zeitung:* »Einen ungewöhnlichen Empfang hat die Genfer Polizei einer Gruppe von Deutschschweizern beschert, die am Wochenende nach Genf reisten, um mit ihren Verwandten Geburtstag zu feiern. Kaum waren die mit Bauernkutten und Zipfelmützen bekleideten Frauen und Männer aus dem aargauischen Kaisten im Bahnhof Genf ausgestie-

gen und hatten ein mitgebrachtes Transparent entrollt, intervenierte die Polizei. Die Ordnungshüter hielten den schweizerdeutschen Spruch für Türkisch und die feiernden Aargauer für demonstrierende Asylbewerber.«
16/1987

Die Grazer *Kleine Zeitung* über Kurt Waldheims Jordanien-Trip: »Der Bundespräsident freute sich sichtlich, einen Staatsbesuch antreten zu können, bei dem er einmal nicht von der Vergangenheit und vom Jüdischen Weltkongreß eingeholt wird.«
29/1987

Aus dem Wiener *Kurier:* »Haben Terroristen die Sparkassenfiliale in Spillern bei Stockerau, Niederösterreich, nach einer generalstabsmäßigen Vorbereitung beraubt? Vieles spricht dafür: Ohne ein Wort zu sagen, schoß einer der Gangster, er sprach mit reichsdeutschem Akzent, den Kassierer Christian Bachheimer, 26, nieder.«
34/1987

Der Londoner *Sunday Telegraph* über den beabsichtigten Abriß des Kriegsverbrecher-Gefängnisses in Spandau: »Ganz Westberlin ist bereits ein Einkaufs- und Freizeitzentrum. Was wir Engländer aber dringend brauchen, sind mehr Gefängnisse. Ein Hochsicherheitsgefängnis mit 600 Zellen abzureißen, um noch so ein Zentrum zu errichten, ist so, als ob man der Sahara ihr bißchen Wasser für eine Autowaschanlage abpumpen würde.«
36/1987

Bild am Sonntag zu einem Jagdunfall des Leibwächters von Prince Charles: »Außer dem Leibwächter wurden auf der Jagd noch 300 Moorhühner erlegt.«
45/1987

Das *Zeitmagazin* über den Tourismus auf der Südsee-Insel Palau: »Sprachschwierigkeiten gibt es im allgemeinen keine. Die Jüngeren sprechen Englisch, bei den Älteren kommt man mit Japanisch gut durch.«
53/1987

Der niederländische Korrespondent der Schweizer Zeitung *Sport* in einem Kommentar: »Die Holländer lieben ihre Freiheit und akzeptieren die Nachteile. Ein solcher Nachteil sind die ganz liberalen Strafgesetze. Ein Holländer muß fast eine ganze Familie ausrotten, um mehr als nur einige Monate Haftstrafe zu bekommen.«
29/1988

Aus *St. Gilgen heute – das Informationsblatt für unsere Gäste!:* »Wußten Sie schon? ... daß der deutsche Bundeskanzler Dr. Kohl Ehrenbürger von St. Gilgen ist? Diese Tatsache garantiert ihm, daß ihm jederzeit ein kostenloser Platz im Altersheim St. Gilgen zusteht.«
30/1988

Die *Welt* in einem Bericht über die iranische Hauptstadt Teheran: Bettler sind nur selten zu sehen. Auf den Straßen stehen einige, die allerdings Zigarren verkaufen.«
39/1988

Aus den *Schaffhauser Nachrichten:* »Wie dem auch sei, an etwas weiterem mangelt es eben den ›braven Schweizern‹ auch noch: Am seinerzeit von Hitler-Deutschland vielfach beschworenen ›Geist von Stalingrad‹, jenem Kampf bis zum Gehtnichtmehr, der zwar nicht sympathisch wirkt, aber eben doch einen Teil des in der Schweizer Sportszene häufig fehlenden Erfolgs ausmacht.«
17/1989

Die *Schweizerische Politische Korrespondenz:* »Am 20. April 1889 kam Adolf Hitler zur Welt. Wie war es nur möglich? – Die Frage bleibt.«
18/1989

Aus der Wiener Zeitschrift *Die ganze Woche:* »Bertha von Suttner, eine der bedeutendsten Österreicherinnen der vorvorigen Generation, feiert heuer ihren 75. Todestag.«
31/1989

Aus der *Süddeutschen Zeitung:* »Frau Bardot attackierte vor allem die Jagd auf den aussterbenden Regenpfeifer, den Abschuß von Zugvögeln und das Töten von Füchsen und Raubmördern.«
46/1989

Aus dem *Walliser Boten:* »Es waren herrliche Tage, konnten doch viele Sehenswürdigkeiten betrachtet werden. So auch das Hofbräuhaus und das Konzentrationslager.«
27/1990

Aus den *Costa Blanca Nachrichten:* »Entgleist ist der erste Waggon des Fernzuges ›Talgo‹ auf der Fahrt von Madrid nach Alicante. Personen kamen glücklicherweise nicht zu Schaden. Der Kontrolleur des Zuges teilte mit, daß der Unfall durch eine Überhitzung der Maschinen ausgelöst worden sei. Fahrgäste, die sich in den ersten zwei Waggons befunden hatten, behaupten jedoch, daß der Zugführer einem auf demselben Gleis entgegenkommenden Zug ausgewichen sei.«
31/1990

Aus der *Süddeutschen Zeitung:* »Das einzige weibliche Kabinettsmitglied der Bush-Administration ist ausgerechnet eine Frau.«
33/1990

Die amerikanische Zeitschrift *Esquire* über Steffi Graf: »Wir erinnern uns, als sie noch ein kleines Spätzle war in süßen Hosen. Jetzt ist sie die heißeste Sache seit dem Reichstagsbrand.«
35/1990

Aus der *Schweizer Revue:* »Dies führt zu manchmal grotesken Verkehrsvorgängen: So soll es vorkommen, daß Kartoffeln von Deutschland nach Italien transportiert, dort gewaschen und anschließend zur Weiterverarbeitung wieder zurück nach Deutschland geschickt werden! Ähnliche Beispiele gibt es für den Personenverkehr.«
42/1990

Aus der Zeitschrift *Bunte:* »Auch seine beiden Söhne hat Saddam sehr gern. Er nahm sie schon als 6jährige zu Hinrichtungen mit.«
9/1991

Laut Staatsvertrag war Urmensch Österreicher

Aus dem *Wiener Kurier*
48/1991

Aus der *Bild*-Zeitung: »...John F. Kennedy jr. (31)... in ihm stecken die Sex-Gene des Papas, der schon Marilyn Monroe umlegte.«
41/1992

Aus dem Informationsblatt *Text intern:* »Das Elend der Franzosen wirkt stets leicht theatralisch, wie das bei echtem Elend oft der Fall ist.«
3/1993

Aus der *Bild*-Zeitung: »Dabei wäre Prinz Willie der ideale König. Er ist hochintelligent, konnte schon mit 5 lesen. Mit 7 drohte er seinen Freunden: Wenn ihr nicht tut, was ich will, lass' ich euch köpfen...«
6/1994

Aus dem Wiener *Kurier:* »32 Schädel und einzelne Knochen. Es wird spekuliert, daß es sich um Überreste von Adolf Hitler handeln könnte.«
16/1994

Aus der *Deggendorfer Zeitung:* »In China würde die Haftstrafe nicht gelten. Es müßte also befürchtet werden, daß er unter anderem Namen wieder nach Deutschland einreisen könnte. Chinesen schauen sich ja recht ähnlich.«
36/1994

In Japan gibt es die wenigsten Analpabeten

FRANKFURT A. M. In der Lesefähig-

Aus der *Frankfurter Rundschau*
42/1994

Aus der *Badischen Zeitung:* »Moskauer Wirrwarr um den Atom-Handel mit Teheran.
Clinton entdeckt vor Ort die Blößen Boris Jelzins«
21/1995

Aus einem Bericht in *Gala* über die britische Prinzessin Diana: »Sie sah bei Major Hewitt die warmblütige Kreatur zwischen seinen Beinen plötzlich mit anderen Augen an. Und er vom Sattel herab sah nur diese Augen.«
50/1994

Aus der *Neuen Westfälischen:* »Der amerikanische Präsident Bill Clinton saß zwischen mehr als 100 Kindern und las Weihnachtsmärchen. Dort wo sich die Mächtigen der Erde üblicherweise treffen, rekelte sich Clintons Katze Socks auf dem Schoß der First Lady.«
2/1995

Aus der *Frankfurter Rundschau:* »Die Mehrheit der Befragten hält Balladur für einen guten Kandidaten. Eine ebenso große Zahl ist mit seiner Regierung unzufrieden. So sind sie halt, die Franzosen.«
4/1995

Kalifornien atmet auf

15 Tote durch Unwetter in Süditalien

Aus der *Bonner Rundschau*
13/1995

Aus der *Berliner Morgenpost:* »Viele der Supermärkte in suburbia (= heimliche Hauptstadt der USA) schießen grundsätzlich überhaupt nicht, und manche sind sogar noch länger geöffnet.«
25/1995

Aus einem Werbeschreiben der Frankfurter Firma Interhome GmbH: »Lugano ist in der Schweiz und im schönsten Gebiet des Ticino, eigentlich da, wo wir uns Deutschen unter uns wohl fühlen.«
33/1995

GESELLSCHAFT

Fitneßtip aus der Frauenzeitschrift *Brigitte:* »Nun läßt man die Vorstellung auf sich wirken, ein Känguruh zu sein, das auf einem Barhocker sitzt. Der lange, kräftige Schwanz hängt schwer zu Boden. In Gedanken hebt man nun diesen schweren Schwanz langsam in die Höhe, bis er waagerecht vom Körper absteht. In dieser Position hält man ihn ein wenig und versucht zu fühlen, wie die Muskeln im Becken reagieren.«
7/1983

Der Kölner *Express* über eine Untersuchung der Universität London, nach der jeder Mensch am Tag durchschnittlich 200mal lügt: »Bei den meisten Menschen kommen die Lügen unbewußt über die Lippen. Schon wenn man die Frage ›Wie geht es dir?‹ spontan mit Ja beantwortet, kann das eine Lüge sein.«
27/1983

Werbeschrift für die schlagende Studentenverbindung Corps Germania: »Bei uns kann man Köpfe treffen.«
47/1984

Telefonischer Notdienst für Legatheniker

Aus dem Bonner *General-Anzeiger*
7/1985

Aus einem Urteil des Amtsgerichts München in einer Verkehrssache: »Das Leben eines Tieres, namentlich eines ökologisch so wertvollen Tieres wie des Igels, ist schützenswerter als evtl. Blechschäden und evtl. Abwehrpositionen von Versicherungen. Es ist sogar zu überlegen, ob nicht das Leben eines Igels wertvoller ist als das Leben eines Menschen.«
11/1985

Der niedersächsische Ministerpräsident Ernst Albrecht im *Zeitmagazin,* Rubrik »Wenn ich ein Tagebuch schriebe«: »Was ist, wenn Sinn und Ton

vergehen? Der ungeschiedene, nicht in einzelne Sinngehalte gesonderte Sinn. Sinn schlechthin. Der tonlose Ton. Der Ton vor allen einzelnen Tönen. Tonhaftigkeit schlechthin. Das, was vor Sein und Nichts ist und dennoch Sinn hat.«
19/1985

Fernsehmoderator Karl-Ulrich Kuhlo auf Sat 1: »Wir sind mit Kanzler Kohl im Wald und gucken, ob er stirbt.«
24/1985

Die *Süddeutsche Zeitung* über Brandursachen: »In vielen Fällen werde ein Brand mittels komplizierter, selbstgebastelter Apparaturen ausgelöst, etwa mit einer Kerze.«
26/1985

Aus der Münchner *Abendzeitung:* »Wollen Sie Frauen imponieren? Stuntman läßt sich gegen Honorar effektvoll von Ihnen zusammenschlagen. Schildern Sie Ihre Wünsche unter 633S698 an AZ«
43/1985

Aus dem *Börsenblatt für den Deutschen Buchhandel:* »Laut § 16 UWG nehmen wir Titelschutz in Anspruch:
Wenn Männer ihre Tage haben
Mein Auto fährt auch ohne Wald«
46/1985

Aus der *Schwäbischen Post:* »An der lauschigen Laube, in der offensichtlich häufig Liebe gepflegt und anderer Unrat angehäuft worden war, hatte sich in der Sitzung Stadträtin Dr. Klein gerieben.«
28/1986

Aus der Fachzeitschrift *Holz und Motor:* »Wer aber hat dann schließlich die Motorkettensäge erfunden? Die Frage wird oft gestellt – beantworten läßt sie sich nicht. Ebensowenig, wie sich ein Schöpfer des Automobils nachweisen läßt. Zu viele Leute haben daran gearbeitet, haben durch Jahrzehnte hindurch immer neue Erfindungen gemacht – bis eines Tages das Auto vor der Tür stand und hupte. Bei der Motorsäge war es ebenso.«
28/1986

Liebev. Tagesmutter (Rentnerin) für jg. Schäferhund ges. Tel. [redacted] von 8.00–10.00 und ab 19.00 Uhr

Aus den *Nürnberger Nachrichten*
33/1986

Der baden-württembergische Kultusminister Gerhard Mayer-Vorfelder: »Eine Frau, die drei, vier Kinder erzieht, leistet mehr für die Gesellschaft als 'ne Sekretärin. Das glaub' ich hundertprozentig.«
51/1986

Aus dem *Amtsblatt der Stadt Fürth:* »Der am 4. 4. 1985 ausgestellte Dienstausweis Nr. 558 für den im Grünflächenamt beschäftigten Verwaltungsangestellten Günther Gesell ist verbrannt. Er wird hiermit für ungültig erklärt.«
1/1987

Aus der *Rheinpfalz:* »Mutter ist sicher ein Beruf auf Zeit. Denn wenn einmal alle Kinder groß und aus dem Haus sind, gilt diese Bezeichnung nur noch bedingt, wenn überhaupt.«
4/1987

Aus der *Main Post:* »Bei dem ganzen Präservative-Boom wird allerdings eine Würzburger Drogerie leer ausgehen. Der Hausbesitzer, ein Würzburger Domvikar, hat der Drogerie untersagt, in seinem Haus Präservative zu verkaufen.«
9/1987

> **Der schwarzhaarige Juso (Ralf oder Rolf),** der in der Nacht vom 7. auf 8. Juli 1986 auf dem Camping-Platz von Spiekeroog zu mir ins Zelt gekommen ist, soll sich bitte melden. Gruß Inge. **Chiffre-Nr. V 5106**

Aus dem *Vorwärts*
2/1987

Aus *Der Allgemeinarzt:* »Demnach verhält sich der Arbeitgeber richtig, wenn er die Stellenbewerberin nach einer Schwangerschaft fragt, wobei sich allerdings ausschließlich Frauen um die ausgeschriebene Stelle beworben haben müssen.«
13/1987

Aus *Kirche und Leben:* »Vierzehn junge Männer aus der Gegend, meist Theologiestudenten, freuen sich besonders auf die drei Tage der Konferenz. Sie dürfen den fleißigen Hausangestellten beim Tischdienst für die Bischöfe unter die Arme greifen.«
14/1987

Aus der *Süddeutschen Zeitung:* »In Aachen wurden zwei Fußgängerinnen schwer verletzt, als eine zwölf Quadratmeter große Plakatwand umstürzte und die Frauen unter sich begrub. Die befürchteten Schäden blieben jedoch aus.«
15/1987

Aus dem *Weser-Kurier:* »Vom Zeitablauf her könnte es unser Mann gewesen sein, meint die Kriminalpolizei, die den beschriebenen Mann um eine Rückmeldung bittet (Telephon 04242/1011), wenn er nichts mit der Straftat zu tun haben sollte.«
16/1987

Das *Straubinger Tagblatt* in der Rubrik »Die Polizei meldet«: »Ein Rehbock hatte sich am Donnerstag vormittag in das Parkhaus West an der Regensburger Straße verirrt. Als er zwei Polizeibeamte sah, fiel er um und verendete.«
25/1987

Vorhelm: Wer hat Lust und Zeit, gelegentlich mit meinem Hund Fahrrad zu fahren? Telefon (0 25 28) [redacted]

Aus der *Ahlener Volkszeitung*
25/1987

Aus dem *Hamburger Abendblatt* vom 11. Juni: »Name verwechselt. Im Bericht über Jan Philipp Reemtsma hat das Photo seines Vaters leider eine falsche Bildunterschrift erhalten. Der Vater heißt mit Vornamen Hermann Fürchtegott Reemtsma und nicht Philipp. Wir bitten um Entschuldigung.« ... vom 13. Juni: »Es war sein Onkel. Das Porträt, das zum Bericht über Jan Philipp Reemtsma gezeigt wurde, war das seines Onkels Hermann. Sein Vater, wie richtig erwähnt, heißt mit Vornamen Philipp Fürchtegott. Wir bitten um Entschuldigung.«
27/1987

Die Münchner Zeitschrift *Monaco Magazin* über Musik- und Tanzgewohnheiten von Prominenten: »Genschers Traum-Tanzpartnerin ist Petra Schürmann, die Klatschreporter Michael Graeter einmal errötend gestand: ›Bei ihm spürt man sogar den Schlüssel in der Hosentasche.‹ Vielleicht war's auch nur der kleine Dietrich.«
43/1987

Aus dem *Kölner Stadt-Anzeiger:* »Ein einfaches Wort wie zum Beispiel ›Birne‹ stellt jeden Übersetzungscomputer vor das Problem: Ist die Frucht, der Beleuchtungskörper oder der Bundeskanzler gemeint?«
2/1988

Aus der *Schwäbischen Zeitung:* »Gar manchem Zuschauer brach da in den Schlußsekunden der sprichwörtliche Fußschweiß auf der Stirn aus.«
15/1988

Aus der *Frankfurter Allgemeinen:* »Den Deutschen in der Bundesrepublik fehlt es an Lebensfreude. Das äußert sich so: Aneinandervorbeihetzen in den Großstädten. Stundenlanges Einanderanschweigen auf langen Zugreisen. Grußlosigkeit selbst im Mittelgebirge.«
16/1988

Aus einer Anweisung des Bundesbahn-Vorstandes zur dienstlichen Beurteilung von Beamten: »In Fällen, in denen die Aufgaben des Erstbeurteilers und des Zweitbeurteilers in Personal-

union wahrzunehmen wären, geht die Funktion des Erstbeurteilers auf den ersten Vertreter des Erstbeurteilers über. Erstbeurteiler des ersten Vertreters des Erstbeurteilers ist in diesen Fällen der erste Vertreter des Zweitbeurteilers.«
3/1989

Aus der *Schwäbischen Zeitung:* »Hebauer warnte vor eigenmächtigen Handlungen, die ausschließlich der Polizei vorbehalten seien.«
8/1989

Aus dem *Donau Kurier:* »Welche Firma lernt mir überzeugend zu sprechen, um Führungskraft zu werden. Zuschriften unter Chiffre-Nr. 096«
8/1989

Aus der *Deutschen Jagd-Zeitung:* »Bache 49 J. sucht Keiler zum gemeinsamen Suhlen. Nur ernstgemeinte Zuschriften erwünscht. Zuschriften unter [redacted]«
12/1989

Aus den *Veitshöchheimer Mitteilungen:*
»Die Polizeiinspektion Würzburg-Land
Aufruf an
– die Bevölkerung
– die Jägerschaft
– die Forstbediensteten
Während des REFORGER-MANÖVERS im Herbst 1988 wurden im Manöverbereich Nordbayern und Baden-Württemberg an den Manövertreffpunkten insgesamt 850 WC-Häuschen aufgestellt; ca. 55 dieser Häuschen konnten nicht mehr aufgefunden werden und stehen möglicherweise noch in den Gemeindebereichen bzw. Wäldern. Wir bitten bei entsprechender Feststellung um Mitteilung an die Gemeinde, das Forstamt oder den Jagdverband. Die Mitteilung wird auch von jeder Polizeidienststelle entgegengenommen. Beschreibung: Größe 140×100cm, Gesamthöhe 218cm, Farbe blau, Aufschrift TOI-TOI (schwarz). Die Häuschen sind mit Beleuchtung und Heizung ausgestattet. Wir danken für Ihre Mithilfe. Ihre Polizei«
13/1989

Die Zeitschrift *Männer Vogue* über eine Hamburger Disco: »Trendsetter wackeln zum hämmernden Beat mit den Hüften, Champagner fließt in Strömen, und alternde Don Juans wie der ›wilde‹ Maler Jörg Immendorff begutachten das Frischfleisch, das blutjung aus den Elbvororten angeschwemmt wird.«
18/1989

Der Kölner *Express:* »Durch ein Versehen empfahl der *Express* am Donnerstag, 20. April, auf seiner Reise-Seite 8 unter der Überschrift ›Die Lasten der Liebe auf Reisen‹, der UdSSR-Tourist solle in der Apotheke ›Nahujnik‹ verlangen, wenn er Kondome kaufen will. Das wiederum rief die des Russischen mächtigen *Express*-Leser auf den Plan: ›Nahujnik‹ ist das übelste Schimpfwort in der Sowjetunion. 15 Tage Haft drohen, also bitte, niemals Nahujnik!«
19/1989

Die *Westfälische Rundschau* zum angekündigten Beratungsgesetz: »Der Staat, die Gesellschaft und die beratenden Ärzte haben aber die Pflicht, die Frauen zur Schwangerschaft zu ermutigen und ihnen dabei nach Kräften zu helfen.«
22/1989

Aus der *Taunus Zeitung:* »In Zuckmayers Weinberg wird kräftig gesungen und gesoffen, getanzt und geprügelt, die Liebe im Heu gesucht und auch gefunden – ideal für eine Schüleraufführung.«
25/1989

> Suche für kath. Priester - reife, zuverl. **Pfarrhaushälterin** röm.-kath., mit Kochkenntn., zum 1.7.89 im Kreis Ansbach/Mfr. Zimmer u. Verpfl. frei, Freizeit gereg.
> Es wird jed. erwartet, daß Sie auf die zölibatäre Lebensweise des Priesters achten. Ihre

Aus der *Süddeutschen Zeitung*
27/1989

Aus dem *Ostfriesland-Magazin:* »Das Publikum kommt zu je einem Drittel aus Emden, Leer, Norden und Aurich.«
29/1989

Aus dem *Wochenblatt Ludwigshafen:* »Ist es Ihre Nachbarin oder sogar die eigene Frau? Privat-Erotikfilme zu verkaufen! ☎ (0621) [redacted] «
30/1989

Aus den *Badischen Neuesten Nachrichten:* »Erst ab acht Jahren dürfen Kinder auf der Straße fahren, viele tun es aber trotzdem.«
33/1989

Aus der *Deutschen Handwerks Zeitung:* »Beim Besuch von Bordellen und bordellähnlichen Betrieben steht – wie auch die Bundesrichter aus ihrer Lebenserfahrung wissen – die Darreichung von Speisen und Getränken nicht im Vordergrund.«
44/1990

Welcher reiche
Mann möchte glücklich in den Armen einer attraktiven Frau sterben? [redacted]

Aus dem *Südkurier*
45/1990

Zitat aus der *Frankfurter Allgemeinen:* »Der Friedhof kann nicht der Ort sein, wo jeder sich ausleben darf.«
51/1990

Die *Bunte* über das Leben Sorayas: »1958 Scheidung wegen Unfruchtbarkeit. Danach 4 tote Liebhaber. Keine Schlagzeilen mehr. Zukunft: Einsamkeit und Tod.«
51/1990

Der *Münchner Merkur* in einer Täterbeschreibung: »Möglicherweise handelt es sich um einen Türken. Er sprach hochdeutsch ohne erkennbaren Akzent.«
1/1991

Aus dem Kölner *Express:* »Krankenschwester 30, 167 groß, schlank, dunkelblonde, lange Haare, blaue Augen sucht Krankenpfleger, auch Pole angenehm oder Polizisten für eine feste Beziehung. Bitte nur ernstgemeinte Bildzuschriften.«
1/1991

Keine Feile im Weihnachtsstollen

Bedrückendes Fest im Gefängnis

Aus den *Husumer Nachrichten*
2/1991

Aus der Tageszeitung *Neue Westfälische:* »Die Eltern schwer verletzt. Polizei erschießt 19jährigen mit Samuraischwert«
3/1991

Aus dem Fachjournal *Modellhut:* »Die diplomatischen Anstrengungen zur Vermeidung eines Golf-Krieges laufen noch, und schon richten wir uns darauf ein, noch einmal davongekommen

zu sein. Ist es in einer solchen Situation nicht erlaubt, auch der Hutbranche ein wenig Mut zu machen?«
3/1991

Aus der *Hamburger Morgenpost:* »Wir steuern kopflos auf den Verkehrsinfarkt zu. Der Unterschied zu den Lemmingen: Sie gehen wenigstens zu Fuß. Der Vergleich ist zwar reif für den ›Hohlspiegel‹, aber etwas Wahres ist dran.«
22/1991

Aus den *Rieser Nachrichten:* »Ein Dortmunder will seine 80jährige Mutter per Räumungsklage aus ihrer Wohnung vertreiben, weil er sie verkaufen möchte.«
25/1991

Aus der oberpfälzischen Tageszeitung *Der neue Tag:* »Nachdem vor einem Jahr seine Gattin verstarb, hofft der Jubilar nun auf einen angenehmen Lebensabend im Kreise seiner Kinder.«
14/1993

Aus den *Cuxhavener Nachrichten:* »2 ZKB (Dachgeschoß) an nette ruh. Mieter sofort zu vermieten. 56 qm, 590,– DM kalt, ca. 180,– DM NK (keine Ostdeutschen).«
27/1993

Zum Luege und Schlemme

Unsere Gäste sind begeistert!

Zarte Lämmer werden live vor Ihren Augen am Drehspieß gegrillt

Portion DM 22,- jeden Mittwoch bis Sonntag von 18.00 bis 24.00 Uhr

Aus dem *Berlin-Mitte-Anzeiger*
9/1995

Aus der *Gießener Allgemeinen:* »Er, 37 J., zum dritten mal verwitwet. Hobbys: Pilze sammeln und kochen. Sucht Frau, 25 bis 35 J., die sich traut. Bildzuschr. bitte unter ■«
8/1994

Aus der *Badischen Zeitung:* »Toter im D-Zug beging Selbstmord«
38/1994

Aus der *Berliner Morgenpost:* »Nachdem die Polizei noch am Sonntag mitgeteilt hatte, die Leiche des etwa 30jährigen Mannes weise keinerlei Spuren von Gewaltanwendung auf, sagte der ermittelnde Staatsanwalt Erardo Rautenberg gestern, man habe festgestellt, daß dem Toten sowohl Kopf als auch beide Hände abgeschnitten worden seien.«
52/1994

Aus der *Main Post:* »Seit 40 Jahren beim BRK. Bei Erster Hilfe Blut geleckt«
3/1995

Aus der Zeitschrift *Goethe-Institut-Intern:* »Und wer das Vergnügen hatte, Frau Engl-Weno die Hand zu küssen, merkte, daß der vorzügliche Wurstsalat von ihr selbst gemacht worden war.«
6/1995

Fleißige Hände (deutschsprachig) für die Bearbeitung von Salat und Gemüse per sofort gesucht. 02 [redacted], ab Montag.

Aus dem *Kölner Stadtanzeiger*
19/1996

Aus der *Saarbrücker Zeitung:* »Lecker: Käsepasteten aus der Leichenhalle«
49/1995

Aus dem Pfarrbrief der Gemeinde Wustweiler unter der Rubrik »St. Hubertus Schützenbruderschaft«: »Das Jahr 1995 war für uns sehr erfolgreich. Zwei Schützenbrüder und eine Schützenschwester mußten wir zu Grabe tragen.«
3/1996

Bundeskanzler Kohl bei einer Wahlkampfveranstaltung in Pforzheim: »Die Großmütter haben damals in den Pforzheimer Bombennächten ja gesagt zu Kindern, sonst gäbe es uns heute hier nicht.«
13/1996

Aus dem Bonner *General-Anzeiger:* »Nicht 60 Fahrgäste saßen in dem Bus, der am Montag abend bei Garmisch-Partenkirchen von Geröllmassen eingeschlossen worden war, sondern 34 Chinesen.«
25/1996

WISSENSCHAFT

Hansgeorg Garais, Chef des Gesprächsbereichs Pharma der Frankfurter Chemiefirma Hoechst, bei einem Pressegespräch in München: »Wir fabrizieren Dinge, die Sie mit tödlicher Sicherheit anwenden werden.«
53/1981

Die *Hannoversche Allgemeine* in einem Bericht über Blinddarmerkrankungen: »Der Sozialmediziner Dr. Bernt-Peter Robra hob die Leistung der Chirurgen hervor, die seltener operiert und damit die Sterblichkeitsquote gesenkt hätten.«
24/1983

Hamburger Morgenpost: »50 Prozent der Sterbefälle passieren innerhalb der ersten Stunde, 70 Prozent in der zweiten.«
38/1989

Der Aids-Impfstoff

Kurzandacht jeden Freitag neu

TÜ 71177

Aus dem *Schwäbischen Tagblatt*
17/1987

Die *Süddeutsche Zeitung* über eine naturwissenschaftliche Veröffentlichung: »Sie ist ein Kukkucksei im Wissenschaftsbetrieb, an dessen Grundpfeilern sie nagt.«
19/1987

Die *Landshuter Zeitung* über einen Aids-Informationsabend der CSU: »Es seien aber nicht, wie landläufig vermutet werde, in erster Linie nur Homosexuelle, sondern gleichermaßen Hydrosexuelle gefährdet. Darüber hinaus breite sich Aids auch bei hedrosexuellen Kontakten aus.«
22/1987

Aus einer Presseerklärung der Gesundheitsstadträtin von Charlottenburg: »So notwendig und segensreich unbestritten Hornhauttransplantationen sind, so kann es nicht angehen, dieses klammheimlich und hinter dem Rücken der Betroffenen vorzunehmen.«
12/1988

Aus der *Medical Tribune:* »Natürlich wissen auch viele Patienten das Angebot einer ambulanten Operation zu schätzen. Dr. Hubmann: ›Bei einigen Kollegen ist mir aufgefallen, daß sie zuerst Patienten mit einem niedrigen Intelligenzniveau zur ambulanten Operation zu mir schicken. Wenn ich die gut behandle, dann kommen später auch die anspruchsvolleren Patienten.‹«
13/1988

Aus dem Werbebrief einer Pharmafirma: »Der Schwangerschaftstest kann ab zwei Tage vor Ausbleiben der Regel mit Morgenurin durchgeführt werden.«
22/1988

Aus der Bild-Zeitung: »Die Medizinische Hochschule warnt vor allem die türkischen Mitbürger vor dem Verzehr von Knollenblätterpilzen.«
46/1989

Aus der medizinischen Fachzeitschrift *Fertilität:* »Das Zurückziehen des männlichen Gliedes aus der Vagina macht eine erhebliche Selbstkontrolle des Mannes erforderlich... Der große Vorteil des Coitus interruptus ist allerdings, daß diese Methode jederzeit verfügbar ist und keine Kosten verursacht.«
4/1990

Aus einem Rundschreiben des nordrhein-westfälischen Gesundheitsministers Hermann Heinemann (SPD): »Die heutige Aids-Bekämpfung ist eine Investition in die Zukunft, die nur gemeinsam bekämpft werden kann.«
7/1990

Aus dem *Südkurier:* »Eine Obduktion ist Rechtens, wenn ein Patient ihr nicht ausdrücklich widerspricht. Dies ergab ein Urteil des Koblenzer Oberlandesgerichts.«
8/1990

Aus einer Einladung der Medical Relations GmbH, Köln: »Das Jahr 1990 ist gekennzeichnet durch tiefgreifende Veränderungen und Wechsel im Leben von Ost und West. Berlin ist der Dreh- und Angelpunkt dieses Umbruchs. Welcher Ort eignet sich daher besser, über das Thema Klimakterium in der Frau zu diskutieren? Im Namen der Schering AG, Berlin, möchten wir Sie ganz herzlich zu der Publikums-Pressekonferenz ›Wechsel-Jahr 1990‹ einladen.«
26/1990

Aus *Bild am Sonntag:* »Warum machen manche Frauen dennoch Karriere und setzen sich in Männerberufen durch? Dr. Anne Moir: ›Bei diesen Frauen ist im Mutterleib was schiefgegangen. Ihre Mütter haben während der Schwangerschaft zusätzliche Hormone bekommen.«
28/1990

Frauen sterben häufiger als Männer

Obwohl die Lebenserwartung von Frauen höher ist als die von Männern bei Frauen zu. Professor Dittrich von der Deutschen Herzstiftung

Aus der *Bild-Zeitung*
31/1990

Aus der *Bild*-Zeitung: »Aber was wäre, wenn die Sonne plötzlich in den Tiefen des Alls verschwinden und nicht mehr für uns scheinen würde? Dann sähe es für unseren Planeten zappenduster aus.«
16/1991

Zitat von Professor Ketterl, Mainz, in den *ZM-Nachrichten,* Zahnärztliche Mitteilungen: »Ein ästhetisch tragbares Kauorgan, soweit sichtbar, gehört heute zur Erkennungsmelodie eines Menschen und ist kein Luxus.«
39/1991

Die »Aktionsgemeinschaft Baden-Württembergischer Ärzte« in einem Rundbrief: »Finden Sie auch... daß es verdammt viel wichtigere Probleme im Bereich Gesundheitswesen gibt als die Frage, ob der Arzt viermal oder fünfmal mehr verdient als der ›homunculus vulgaris‹?«
8/1992

Aus dem Ärztemagazin *Der Kassenarzt:* »Nichtsdestotrotz leben einige Patienten bereits nach einer Untersuchung sichtbar auf: Wahrscheinlich wird die heilende Kraft von Gummihandschuhen und Reflexhammer zur Zeit stark unterschätzt.«
15/1992

Der Präsident der Zahnärztekammer Niedersachsen, Erich Bunke, in einem Rundschreiben an alle Zahnärztinnen und Zahnärzte in Niedersachsen: »Wir sind darüber unterrichtet worden, daß besonders die Parkplätze mit den großen ›Schlitten‹ (Pkw) der Zahnärzte pressewirksam fotografiert werden sollen. Bitte beachten Sie dies besonders für die Veranstaltungen am 28. 08. 1992 in Hannover.«
38/1992

Aus der *Hamburger Morgenpost:* »›Mit fünfzigprozentiger Wahrscheinlichkeit feiern wir weiße Weihnachten‹, sagt der Meteorologe mutig voraus.«
37/1993

Aus dem Aufklärungsbuch »Ab jetzt wird alles anders« von Ruth Westheimer in dem Kapitel »Verhütung«: »Durch den Geschlechtsverkehr kann ein Prozeß in Gang gesetzt werden, der damit endet, daß ein Baby geboren wird.«
36/1994

Aus der Wochenendbeilage der *Stuttgarter Zeitung:* »Viele Absolventen suchen sich eine Nische, Sozialpädagogen machen eine Kneipe, Biologen werden Gärtner, Akademikerinnen schwanger.«
26/1994

Aus dem Gesundheitsmagazin *Elan:* »Die Prostata ist die Achillesferse der reifen Jugend.«
23/1995

Aus der *Neuen Revue:* »Astronomen entdeckten 'ne Mega-Alkoholwolke im All. So groß, daß jeder Mensch daraus 1 Billion Jahre lang täglich 1 Billion Maß Bier trinken könnte.«
41/1995

Aus dem Zürcher *Tages-Anzeiger:* »So haben Sie das Herz auf der linken und die Leber auf der rechten Seite, und wenn Sie ein Mann sind, hängt bei Ihnen der linke Hoden tiefer als der rechte.«
1/1996

Die meisten Diäten gehen in die Hose

Nur wenige Schlankmacher helfen wirklich

Aus den *Harburger Anzeigen und Nachrichten*
9/1996

TECHNIK

Testbericht in der *Frankfurter Allgemeinen:* »In Kurven fährt das Auto schlicht in die Richtung, in die der Fahrer das Lenkrad dreht.«
36/1985

Aus der Funkwerbung des SWF 3: »Bei 140 platzt der Reifen. Was tun? *Auto Bild* lesen.«
12/1986

Günter Zehm in der *Welt:* »Keinem einzigen deutschen Baby wurde ›durch Tschernobyl‹ auch nur ein Härchen auf der Glatze gekrümmt.«
23/1986

Aus der *Main Post:* »Mit tiefer Stimme sangen die Prominenten ›Lobet den Herren‹ zur Einweihung der Kläranlage bei Winterhausen.«
45/1986

Aus der Zeitschrift *7 Tage:* »Wenn Sie auf Ihrer Herbstwanderung von einer Schlange gebissen werden sollten, brauchen Sie keine Angst zu haben – sofern Sie einen Motorrasenmäher zur Hand haben. Man braucht nur das Zündkabel anzuzapfen, den Motor anzuwerfen und das freie Ende des ›Zapfkabels‹ auf die Bißstelle zu halten. Allerdings sollte man bei einem derartigen Vorgehen auf gar keinen Fall vergessen, den betroffenen Fuß gut zu erden, z.B. indem man zwischen den nackten Fuß und den Erdboden ein feuchtes Tuch legt.«
5/1987

Aus dem *Wiesbadener Kurier:* »Angst vor Aids: Mehr Kondome im Abwasser. Im Klärwerk droht dennoch keine Verstopfungsgefahr.«
14/1987

Aus der *Neuen Presse* über eine Notgeburt: »Sebastians Ankunft geschah übrigens nicht nur im dichtesten Berufsverkehr, sondern obendrein unter polizeilichem Kameraauge. Die auf die Pferdeturmkreuzung gerichtete ständige Videokamera der Polizei übermittelte das schöne Geschehen auch live in die Einsatzzentrale.«
10/1987

Aus einer Schallplattenkritik in der Zeitschrift *Stereo:* »Meine Infinity RS IIA mod., biamp betrieben mit zwei ML-11 mit direkt angesteuertem Sony CDP 555 ES, das ganze verbunden mit parallelsymmetrischen NF-Markt-Levinson Silver Cables und Esoteric Ultra Path sowie Isoda als Lautsprecherkabel, korrigiert dieses Urteil und zeigt ganz klar die aufnahmetechnische Überlegenheit dieser Einspielung von Previn.«
53/1987

Die österreichische *Autorevue* über den Jaguar Sovereign 3,6: »Die Prallplatte ist so was von Prallplatte, wie nur eine Prallplatte sein kann, so eine Sorte Prallplatte ist das! Aber keine Hupe.«
38/1988

Aus der Bedienungsanleitung für den »14 EGA Color Monitor«: »Nimmer Etwas auf den Stromschnur liegen zu gestatten. Nimmer diesen Monitor legen, wo der Schnur von Personen darauf spazierengehen grausam behandelt wird.«
46/1988

Aus der *Frankfurter Allgemeinen:* »Aus dem Motorraum dringen dann gedämpftes Hämmern und Pochen, das der kaum verhüllten Sinnlichkeit von Ornella Muti sehr ähnelt.«
7/1989

Aus den *Badischen Neuesten Nachrichten:* »Einer Polizeistreife fiel in Rastatt ein Pkw auf, an dem der Besitzer das Auspuffendstück abgetrennt und durch ein Wasserrohr ersetzt hatte. Dadurch erlosch die Betriebserlaubnis für das Fahrzeug. Trotz des Wasserrohrs wurde der Motor mit normalem Kraftstoff betrieben.«
23/1989

Aus der *Fuldaer Zeitung:* »In einem intakten Auto zu sitzen ist ein Ruhekissen, auf dem sich besser fahren und sanfter schlafen läßt.«
3/1990

Aus den *Lüdenscheider Nachrichten:* »18 Nistkästen haben die Tischlerlehrlinge gefertigt. Gestern wurden sie aufgehängt.«
16/1991

Wie Sie im Winter das Auto starten

Anlassen und losfahren

Überschrift im *Hamburger Abendblatt*
8/1992

Aus dem *Gelnhäuser Tageblatt:* »Ein böses Erwachen gab es für zwei Autobesitzer, die ihre Fahrzeuge in der Nacht zum Samstag vor einer Pizzeria in der Orber Straße in Flörsbach abstellten: Als sie morgens zu ihren Fahrzeugen kamen, hatten alle beide Plattfüße.«
33/1995

Das *BMW-Magazin* über ein neues Modell der 5er-Reihe: »Du siehst ihn an. Er schaut zurück. Du siehst ihn genauer an. Er schaut genauer zurück. Hm. BMWs sind Meister in dieser gewissen Art des interessanten Dreinschauens, indem sie nicht starr vor sich hin glasen, sondern wachen Blickes die gesamte Wahrheit ihrer Gegenwart, ihrer Umgebung, ihres Backgrounds und ihrer Talente einfangen und wiedergeben.«
52/1995

Aus dem Telekom-Katalog über ein neues Münztelefon: »Qualitätsbeweis: In einem Härtetest mit 50000 Münzen mußten mindestens 49996 Münzen korrekt verarbeitet werden. Clubtelefon 5 hat diese Anforderung bei weitem überschritten!«
1/1996

Aus einer Bedienungsanleitung der Motorrad-Firma Aprilia: »Das Motorrad ist aus ungenießbarem Material konstruiert. Aus diesem Grund dürfen Teile des Motors auf keinen Fall gebissen, gelutscht, gekaut oder gar verschluckt werden.«
18/1996

KULTUR

Titelschutzanzeige im Mediendienst *Text intern:* »Unter Bezugnahme auf Paragraph 16 UWG nehmen wir Titelschutz in Anspruch für ›Rheuma‹ in jeder Schreibweise und Satzordnung. Deutscher Ärzte Verlag, Köln.«
37/1980

Frage in einem Kreuzworträtsel des *FAZ-Magazins:* »1 Waagerecht: Dazu macht sich ein Nachrichten-Magazin der Nordlichter, wenn es Südlichter observiert.« Lösung: »Spiegelteleskop.«
48/1980

Die Hamburger *Bild*-Zeitung zum Papst-Besuch: »Der Papst reist völlig ohne Geld – er ist ja überall eingeladen.«
48/1980

Aus dem Einführungsbrief der Anfang des Jahres von der Erzdiözese Wien herausgegebenen »Katholischen Glaubensinformation«: »Der Sex zerfrißt nicht nur die Seele, sondern oftmals in entsetzlicher Symbolik auch den Leib. Viele sind bei lebendigem Leib verfault: Gehirnerweichung.«
24/1981

Der *St. Wendeler Stadtanzeiger:* »In einem Gottesdienst in der St. Wendeler Basilika stellte sich der neue Trierer Oberhirte, Bischof Dr. Hermann-Josef Spital, am Dienstag abend zahlreichen Mitgliedern der Pfarreien des Dekanates St. Wendel vor. ›Christus braucht Menschen, mit denen man Pferde stehlen kann‹, betonte der Bischof in seiner Predigt.«
41/1981

Protokollberichtigung des Landgerichts München: »In der Scheide der Zeugin K. fanden sich nicht Sperrminen, sondern Spermien.«
39/1983

Die *Frankfurter Rundschau* in einer Filmkritik über den neuen James-Bond-Film »Sag niemals nie« und den Hauptdarsteller Sean Connery: »Wenn dieser Mann den Bademantel öffnet, könnte kein Stabsarzt ein Vorurteil fällen, einfach deshalb schon, weil Bond nie dazu käme, sich mit sich selbst zu beschäftigen – da wäre bereits immer eine am Werk.«
8/1984

Aus der *Ärztlichen Praxis:* »Mit der erstmals vergebenen Günther-Budelmann-Medaille des Berufsverbandes Deutscher Internisten (BDI) wurden ausgezeichnet: Prof. Dr. med. Günther Budelmann…«
31/1984

Urlaubsgrüße des Regensburger Bischofs Manfred Müller, veröffentlicht im Bistumsblatt der Donaustadt: »Bedeutend geruhsamer geht es im Gras neben mir zu: Die Schnecken absolvieren auch ihr Liebesleben im Schneckentempo und lenken mich nicht von frommen Predigtgedanken ab.«
35/1984

Die *Welt* über Erotik und Sex im Musicalfilm: »Aber eigentlich haben die Moralhüter recht: Kein Klobecken ist so attraktiv wie ein Mädchen, egal wie an- oder ausgezogen es abgelichtet wird!«
1/1985

Bücher von Theodor von Tane gesucht. ☎ (0 23 85) [redacted]

Aus dem *Westfälischen Anzeiger*
43/1985

Aus dem Unterrichtswerk »Ich und Du – Du und Ich. Sprache lesen, sprechen, erforschen, gestalten« für das dritte Schuljahr: »Durch zusammengesetzte Namenwörter kann man sich kurz und genau ausdrücken... Zusammengesetzte Namenwörter können aus Namenwörtern und Namenwörtern, aus Namenwörtern und Zeitwörtern und aus Namenwörtern und Wiewörtern gebildet sein.«
11/1986

Das vom Bremer Bildungssenator Horst-Werner Franke geforderte Fernsehverbot für Kinder im Vorschulalter war begründet worden, laut *Frankfurter Rundschau,* »mit der ständig zunehmenden Zahl von Analpheten«, laut *Süddeutscher Zeitung,* mit dem Anstieg der »Analaphabeten«.
14/1986

Karten f. Horror Witz Konzert auch zu Überpreisen ges.

Aus dem *Hamburger Abendblatt*
18/1986

Ulrich Eckhardt, Intendant der Berliner Festspiele, in der *Berliner Morgenpost* zum Tod von Boy Gobert: »In diesem Sinne ist sein Tod nicht nur ein Verlust für das deutsche Theater, sondern auch ein tragischer Umstand in Boy Goberts Biographie.«
25/1986

Ritter-Rüstung, 170 cm hoch, geätzt mit Sokel, 2 helle Barden.
☎ [redacted] od. [redacted]

Aus der *Neuen Rhein-Zeitung*
21/1986

Aus der Hannoverschen *Neuen Presse:* »Eine Sängerin, die derart mit der Partie kämpfen muß, vermag kaum zu zeigen, was sie darstellerisch wirklich kann. Ihr Schleiertanz erregte deshalb zwangsläufig nur den senilen Herodes.«
37/1986

Aus einem Runderlaß des Bremer Bildungssenators: »Ist eine freigewordene Stelle eines/r Schulleiters/in oder die des/r Stellvertreters/in mit der Wahrnehmung der Funktion eines/r Abteilungsleiters/in verbunden, wird die Stelle des/der Schulleiters/in oder die des/der Stellvertreters/in zusammen mit der/des der Abteilungsleiters/in ausgeschrieben. Mit dem Hinweis, daß der/die Schulleiter/in bzw. der/die Stellvertreter/in die Aufgaben eines/r Abteilungsleiters/in wahrnimmt.«
8/1987

Aus der Münchner *Abendzeitung:* »Das Musical verbindet Mord, Totschlag, Sex und Jazz auf ironisch-intelligente Weise.«
15/1987

Aus *tv Aktuell:* »Rosen für den Staatsanwalt. Netter Nazi-Richter-Film (1959) mit Martin Held und Walter Giller (94 Min.)«
18/1987

Das *Zeitmagazin* über die schwarze Schauspielerin Whoopi Goldberg in dem Film »Jumpin' Jack Flash«: »Eine Computer-Spionage-Persiflage, in der Hauptdarstellerin Whoopi in schrillen Klamotten ganz scheußliche Grimassen zieht. Ihr gewaltiger Mund verkommt dabei zu Bananenstauden, und ihre Augen reißt sie so weit auf, daß sie größer wirken als die Teller in einem texanischen Steak-House.«
21/1987

Deutsches Kulturgut pflegen!
Marschieren – schießen – saufen.
Schützenfest Schneverdingen
noch bis morgen

Aus dem Anzeigenblatt *Heide Kurier*
29/1987

Der Verlag Paul Zsolnay wirbt im *Börsenblatt für den Deutschen Buchhandel* für einen neuen Roman seines Autors Jeffrey Archer: »Er galt als einer der zehn Spitzenerzähler der Welt, bevor er ›Ein Mann von Ehre‹ schrieb.«
29/1987

Aus dem *Info* der Berliner Hochschule der Künste: »Namensänderung! Achtung! Herr Prof. Olaf Weiß heißt nicht, wie im letzten Info gedruckt, Weiß-Robinson, sondern Prof. Olaf Robinson!«
41/1987

Aus dem *Badischen Tageblatt* (Baden-Baden): »Jean Anouilh ist tot. Die Nachricht kommt für viele überraschend, denn daß er noch lebte, war vielfach unbekannt.«
42/1987

Aus der *Süddeutschen Zeitung:* »Apropos Tschechow: Die Uraufführung des ›Stalin‹ am Schillertheater brachte den herrlichsten Versprecher der Saison. Denn nicht von der ›Möwe‹ war im Hause des theaterbegeisterten Tyrannen die Rede. Ein kleines, deplaciertes ›s‹ verwandelte den russischen Dramatiker in dem Moment in eine Frau.«
46/1987

Aus einem Fortsetzungsroman der *Stuttgarter Zeitung:* »Die junge Frau war nicht mehr allzu jung. Sie hatte ihre fünfunddreißig auf dem Bukkel. Die Natur hatte sie verschwenderisch ausgestattet. Alles war da: Melonenbrüste, eine Nase wie ein Beilrücken, bemalte Wangen und ein mächtiger Nacken.«
16/1988

Aus der *Frankfurter Allgemeinen:* »Der Rechtshistoriker Franz Wieacker wird heute achtzig Jahre alt. Wir brachten bereits gestern eine ausführliche Würdigung. Der Artikel hatte von unserer Redaktion den Titel erhalten: ›Umfassendes Halbwissen‹. So hat Wieacker selbst einmal in heiter-ironischer Laune seine umfassende enzyklopädische Bildung charakterisiert. Wir bedauern die unglückliche Formulierung der Überschrift.«
33/1988

Aus der *Berliner Morgenpost:* »Die Lorengar offeriert tiefen Ausdruck und Singkultur immer zugleich. Ton reiht sich an Ton, jeder mit dem nächsten in herrlich unverbrüchlichem Einklang: Eine Perlenschnur des Singens wächst ihr aus dem kostbaren Hals.«
49/1988

Aus dem Normvertrag zwischen dem Deutschen Bühnenverein und der Genossenschaft Deutscher Bühnen-Angehörigen: »Weibliche Mitglieder sind verpflichtet, die in der weiblichen Natur begründeten regelmäßigen Störungen der Büh-

nenleitung spätestens sechs Tage vor dem Beginn derjenigen Woche zu melden, in der die Störungen zu erwarten sind.«
14/1989

Aus dem *Zeitmagazin:* »Kein Jesuitenzögling kann jemals solche Furcht vor dem Onanieren haben wie die modebewußte, emanzipierte und selbständige Frau vor der Buttercremetorte.«
15/1989

Professor Herbert Ernst Wiegand über ein geplantes »Deutsches Klassikerwörterbuch« in der *Zeitschrift für germanistische Linguistik:* »Versteht man unter einem potentiellen Benutzer eines Wörterbuchs eines bestimmten Typs jede Person, die die Kenntnisvoraussetzungen hat, um zum Wörterbuchbenutzer zu werden, dann sind die Adressaten eines Wörterbuches diejenigen potentiellen Benutzer, für die das Wörterbuch besonders bestimmt ist.«
42/1989

Aus dem Katalog des »Buchexports Leipzig« unter der Rubrik »Sonstiges/Titeländerungen«: »Wingerdt, Imperialistische Technologiepolitik – staatl. Strategien in der BRD. Titel lautet jetzt: Wingerdt: Staatliche Forschungs- und Technologiepolitik der BRD...
Marx/Engels, Ausgew. Werke in 6 Bänden, Bd. II, 15. Aufl. Titel erscheint nicht.«
17/1990

Wir lernen Englisch
– at the thalia movie-center –
täglich 18.00, Do. bis So. auch 23.00 Uhr
BRETTY WOMAN

Ab 23. August: **Joe versus the volcano**

Aus der *Augsburger Allgemeinen*
36/1990

Aus einer dpa-Dienstanweisung: »Es wird erneut gebeten, Meldungen sorgfältig zu redigieren, um die Fehlerquote einzudämmen. Gestern gelang es im Basisdienst, in einer Meldung das Wort Analphabet in vier Schreibweisen darzubieten – nur eine war richtig.«
37/1990

Aus der *Schwäbischen Zeitung:* »Der Mundartkreis Ostallgäu hat die Allgäuer dazu aufgefordert, sprachliche Unarten aus dem Hochdeutschen stärker zu bekämpfen. Georg Ried betonte bei der Hauptversammlung des Vereins, es sei wichtig, wieder ›Vergelt's Gott‹ und ›Pfüa Gott‹ zu sagen, anstatt ›Danke‹ und ›Tschüs‹ – damit wieder erkennbar sei, wer ein Einheimischer ist.«
6/1991

Aus der *Frankfurter Allgemeinen:* »Das Smith College ist nicht die einzige amerikanische Hochschule, die die Frauen und die Schwarzen, die Häßlichen und die Dummen unter ihre Fittiche nimmt.«
11/1991

Aus der *Frankfurter Rundschau:* »Ein schlitzartig aufgeworfener roter Bühnenvorhang, grell beleuchtet. Dahinter ackerartiges Gefurche. Blick wie ins Innere einer bebend aufgewühlten Vulva. Metapher für das Kraftfeld der Ouvertüre zu Bedrich Smetanas ›Verkaufter Braut‹.«
13/1991

Die *Süddeutsche Zeitung* über eine Predigt des Münchner Kardinals Friedrich Wetter: »In diesem Zusammenhang wandte sich der Kardinal gegen die verbreitete Ansicht, mit dem Tod sei alles aus. Das Gegenteil sei richtig.«
18/1991

Aus der *Zeit:* »Die im Zeitmosaik der vergangenen Woche abgebildete Brustwarze (männlich) gehörte nicht Claus Peymann, sondern Jürgen Klinsmann. Wir bedanken uns bei allen Lesern, die uns auf den kleinen Unterschied aufmerksam gemacht haben.«
20/1991

Jim Morrison, der tote Rockstar,
klopft an die Kinderzimmer

Überschrift aus der Zeitschrift *Bunte*
20/1991

Der *Kölner Stadt-Anzeiger* zur Amtseinführung des wiedergewählten Kölner Kulturdezernenten: »Nestler, der auch für die Untere Denkmalbehör-

de zuständig ist, meinte, in Köln lasse sich eine Menge bewegen. Warum, wolle er noch herausfinden.«
24/1991

Aus der Münchner *Abendzeitung:* »Nach Heuschnupfen wieder auf der Bühne: Rotz Stewart
● Die Fans atmen auf: Rod Stewart singt.«
25/1991

Bei geistiger Unfähigkeit sinkt die Intelligenz

Aus der *Welt am Sonntag*
26/1991

Aus dem *Berliner Kurier:* »Nach vielen privaten Sorgen kann Schauspielerin Doris Kunstmann endlich wieder lachen. Im TV ist sie präsent wie nie zuvor – heute wird sie Opfer eines heimtükkischen Mordes.«
17/1996

Aus der TV-Beilage *Prisma* des *Kölner Stadt-Anzeigers:* »Heute ist die unsterbliche Zarah Leander zehn Jahre tot.«
27/1991

Aus der *Frankfurter Rundschau:* »Oder ist es die sozialistische Langsamkeit, die häufig in den neuen Bundesländern zu spüren ist? So einfach ist es nicht; aber einfach ist es auch nicht.«
31/1991

Aus der *Süddeutschen Zeitung:* »Stein für Stein kommt uns die Insel Thassos entgegen, als die Fähre im Hafen von Keramoti in der Nähe des Flugplatzes von Kavalla am griechischen Festland anlegt.«
34/1991

Aus der *Zeit:* »Am glücklichsten wäre Peter Handke, wenn er sich bei seinem eigenen Erblinden zusehen könnte, um als blinder Seher die Dinge so zu sehen, wie sie sich selber sehen würden, wenn sie Augen hätten.«
36/1991

Aus der Illustrierten *Bunte:* »Wolfram Siebeck war für ›Bunte‹ beim Oktoberfest und Daniel Cohn-Bendit bei der Asylantenschlacht in Hoyerswerda. Wie war's? Stimmung, Ambiente, Leute.«
41/1991

Aus dem Branchenblatt *Film-Echo:* »Mega-Film gibt bekannt, daß ›Der Silvesterüberraschungs-Film‹ (früher 12. Dezember) verschoben wird. Die Produktion trägt ab sofort den Titel ›Osterüberraschungs-Film‹ und kommt im März 1992 in die Kinos.«
45/1991

> **Ein Glücksfall**
>
> Horst Sund, langjähriger Rektor der Universität Konstanz, hat Abschied von seiner Hochschule genommen. *Kultur, Seite 7*

Aus dem *Südkurier*
47/1991

Aus der *Bild*-Zeitung: »Bernstein-Zimmer: Auch Honecker steckt mit drin«
49/1991

Unterhaltungs-Elektronik

Alte Solnhofener Platten

gesucht

Tel: [redacted]

Aus der *Augsburger Allgemeinen*
50/1991

Aus dem Duden, unter dem Stichwort »definieren«: »Die Ehefrau definiert sich durch den Status des Mannes.«
6/1992

Aus der *Augsburger Allgemeinen:* »Nun, die Zahl der roten Verkaufspunkte bei der Vernissage fiel sogleich ins Auge. Schon vor der Eröffnung der Schau hatte sich nämlich der Abfallbeseitigungs-Zweckverband mit Erfolg umgesehen, am Samstag folgte dann das Land- und Universitätsbauamt Augsburg.«
1/1992

Immer mehr Frauen trennen sich im Grab vom Ehemann

Aus der *Frankfurter Rundschau*
50/1991

Die *Frankenpost* über den Bayreuther Tournee-Auftritt von Joe Cocker: »Da ist ein massiver Oberkörper auf die Bühne gestellt. Zwei dünne Beine sind nur Halterung für ein Wesen, das oberhalb der Gürtellinie beginnt. Dort saugt es Luft an, stößt Laute aus, lebt, liebt, leidet: ist Joe Cocker, der Dudelsack-Mensch, den ungeheure Kräfte pressen und mit den Extremitäten rudern machen. Und alles, was ihm auf den Sack geht, bringt ihn zum Schreien aus Leibeskräften.«
12/1992

Der Schauspieler und ehemalige TV-Talkmaster Joachim Fuchsberger in einem Bericht des *Stern-TV-Magazins:* »›Einmal hab' ich gedacht, jetzt bin ich hin‹, sagt Herr Fuchsberger. ›Das war noch vor Australien. Da bin ich morgens am Swimmingpoolrand ausgerutscht und – entschuldigen Sie den Ausdruck – voll in die Eier. Ich

hab' mich grad noch ins Haus schleppen können, und dann hat meine Frau mich ins Krankenhaus gebracht, gell Mausi, die waren soooo groß angeschwollen und wurden schwarz. Da hab' ich den Harry Belafonte angerufen, das war doch mein allererster von dreihundert Talkpartnern bei ›Heut' abend‹, und ihm gesagt: ›Now we are real brothers, my balls lock like your balls.‹«
12/1992

Aus dem *Wiesbadener Kurier:* »Auch in diesem Herbst werden die Hirsche wieder zur Brunftzeit ihre urigen Rufe in der Abenddämmerung und die ganze Nacht hindurch in Wald und Wiesen erschallen lassen, was sich die Menschen leider meist versagen.«
39/1992

Aus der *Bild*-Zeitung: »Immer wieder diese köstlichen alten Heinz-Erhardt-Filme: Wir lachen – aber wie geht's ihm eigentlich? *Bild* war an seinem Grab in Ohlsdorf.«
39/1992

Aus der Münchner Ausgabe der *Bild*-Zeitung über den Mord an Walter Sedlmayr: »In seinen reifen Jahren verkörperte er in hervorragender Weise das moderne Bayern, ein weltoffenes Land mit moderner Industrie und Kultur. Dieser große Mann hat es wirklich nicht verdient, durch einen Kaufhaus-Hammer zu enden.«
51/1992

Die *Neue Westfälische* über einen Vortrag der Psychoanalytikerin Margarete Mitscherlich in Bielefeld: »Eine simple Frage zu Beginn ihrer Lesung: ›Was fühlte ich wirklich, als ich mit fünf Jahren die Straße entlanghüpfte?‹ Eine gültige Antwort darauf gibt es nicht. Damit beginnt das Dilemma unserer individuellen, aber auch unserer sozialen Psyche.«
8/1993

Aus der *Schwäbischen Zeitung:* »Dr. Markus Hellenthal, dessen schulische Laufbahn am Wangener Gymnasium einstmals unter Mitwirkung bestimmter Lehrkräfte jäh unterbrochen wurde, möchte auf diesem Wege insbesondere ähnlich betroffene Schüler wissen lassen, daß er es trotz-

dem zu etwas gebracht hat: zum Regierungsdirektor im Bundesministerium des Innern und seit Januar zum Leiter der Bundesgrenzschutzdirektion Koblenz.«
10/1993

> **24. April '93**
>
> **JUNG UND SCHUNCK**
> ***„Jenseits von Africa"***
> ***Eine Kabarett-Comedy mit echten Negern***

Aus der *Essener Theaterzeitung*
16/1993

Ankündigung in der 19-Uhr-Nachrichtensendung *heute* des ZDF: »München ist fünf Tage lang das Mekka der evangelischen Christen.«
24/1993

Aus der Anzeige für ein Kinderbuch des Time-Life-Verlages: »Im alten Mexiko gab es ein Ballspiel als religiöses Ritual. Möchtest Du Augenzeuge sein, wenn die Verlierer geköpft wurden?«
42/1993

Aus der *Stuttgarter Zeitung:* »Was den Frauen bleibt, ist Arsen, das den Kräuterlikör von Rudolf bereichert; Rudolf hat sich bereits mit verdorbenem Fisch revanchiert. Zusammen gelebt, zusammen gestorben: Die vier brechen im selben Augenblick zusammen. Und das Ludwigsburger Altentheater hat gezeigt, daß Senioren die Kraft zu kreativer Freizeitgestaltung keinesfalls fehlt.«
28/1993

Oberkassel! Sonnenanbeter sucht 2–3 Zimmer mit viel Licht. Da unser Kunde Lehrer ist, muß die Sonne spätestens ab 14.00 Uhr auf Balkon oder Terasse zur Verfügung stehen! AUFINA GRONBERG GmbH, ☎ [redacted]. Bitte rufen Sie Herrn [redacted] an!

Aus der *Grevenbroicher Zeitung*
32/1993

Aus der *Münsterschen Zeitung:* »Der Kunde, der da am Donnerstag nachmittag das Geschäft am Berliner Platz betrat, sprach zwar nicht fließend deutsch, machte aber einen ordentlichen Eindruck.«
42/1993

Aus der *Hessischen Allgemeinen:* »›Stimmungen in Aquarell‹ heißt eine Ausstellung, die am Mittwoch, 27. Oktober, 14 Uhr, im Stadtteilzentrum Agathof für Ältere, Agathofstraße 48, eröffnet wird. Die Künstlerin Emmy Heinemann ist Autodidaktin. Seitdem ihre Sehfähigkeit nachläßt, malt die Künstlerin abstrakt.«
44/1993

Aus der *Harzer Volksstimme:* »Karl-Marx-Straße jetzt Holzweg«
21/1994

Aus dem *Mannheimer Morgen:* »Einladung zu den ganz anderen Gottesdiensten für ganz besondere Menschen, die
✶ von Kirche enttäuscht sind
✶ offene Fragen stellen
✶ mitten im Leben stehen
Was würde Jesus zu Franz Beckenbauer sagen?
Am Sonntag, den 19. 6., um 10 Uhr und 12 Uhr
und *Was würde Jesus zu Claudia Schiffer sagen?*
Am Sonntag, den 26. 6., um 10 Uhr und 12 Uhr
Freie evangelische Gemeinde Mannheim«
26/1994

Aus *Essen & Trinken:*
»Kochschule: Wachteln
Edel oder deftig – der kleine Zuchtvogel zeigt seine Vielseitigkeit«
15/1995

Aus der *Frankfurter Allgemeinen:* »Das Kreuz ist weder Ärgernis noch Torheit, sondern ein abendländisches Kultursymbol, so ähnlich wie Tennisschläger oder Mundharmonika.«
38/1995

Aus einer Buchbesprechung im SPIEGEL: »Und die Täter waren nicht Kämpfer für Recht und Freiheit, sondern Ideologen und Pathologen.«
11/1996

Die Modemacherin Jil Sander im *FAZ-Magazin:* »Ich habe vielleicht etwas Weltverbesserndes. Mein Leben ist eine giving-story. Ich habe verstanden, daß man contemporary sein muß, das future-Denken haben muß. Meine Idee war, die handtailored-Geschichte mit neuen Technologien zu verbinden. Und für den Erfolg war mein

coordinated concept entscheidend, die Idee, daß man viele Teile einer collection miteinander combinen kann. Aber die audience hat das alles von Anfang an auch supported. Der problembewußte Mensch von heute kann diese Sachen, diese refined Qualitäten mit spirit eben auch appreciaten. Allerdings geht unser voice auch auf bestimmte Zielgruppen. Wer Ladyisches will, searcht nicht bei Jil Sander. Man muß Sinn haben für das effortless, das magic meines Stils.«
14/1996

Kanzler Helmut Kohl anläßlich des Besuchs des türkischen Ministerpräsidenten Yilmaz in Bonn: »Er spricht besser Deutsch wie wir!«
22/1996

SPORT

Hanns-Joachim Friedrichs im *Aktuellen Sport-Studio* zu Ex-Fußball-Bundestrainer Helmut Schön: »Wir werden dann auch nachher über ein Ereignis sprechen, das eine gewisse Rolle in Ihrem Leben gespielt hat – nämlich Ihre Geburt vor 65 Jahren.«
39/1980

Der *Sport-Informations-Dienst (sid)* über die hohe Scheidungsrate in Springreiter-Familien: »Glückliche Ehen, sie bestehen in der Reiterei oft nur im Sattel, zwischen Mensch und Tier.«
28/1981

Das Kölner Freizeitmagazin *Glück* über die Eindrücke des Bayreuther Pfarrers und Schiedsrichters Klaus Loscher auf dem Fußballplatz: »In

schlimmen Momenten schäme er sich nicht, an Christus zu denken: Der sei ja weit schlimmer angeekelt und bespuckt worden, obwohl er – im Gegensatz zu Schiedsrichtern – nur klare und saubere Entscheidungen getroffen habe.«
33/1983

Die französische *Libération* über die Fußballnationalmannschaft: »Dieses wilde Tier, das der deutsche Fußball ist, verdiente… im eigenen Urin ertränkt zu werden… Das deutsche Monster hat zu lange überlebt.«
27/1984

Rolf Milser, Olympiasieger im Gewichtheben, beantwortete im Kölner *Express* Fragen zur Person: »Was sind Ihre persönlichen Stärken?« Milser: »Gute Konzentration.« – »Was sind Ihre persönlichen Schwächen?« Milser: »Lasse mich zu oft ablenken.«
35/1984

Bundeskanzler Helmut Kohl laut *Berliner Morgenpost* bei Sportlern in Kaiserslautern: »Ich verstehe durchaus etwas vom Fußball, ich kenne sehr wohl den Unterschied zwischen einem Strafstoß und einem Elfmeter.«
36/1984

Aus der *Zeit:* »Mach's wie Boris! Becker wird Deutschland verändern, radikal. Kein Kind kann mehr groß werden, ohne mindestens einmal täglich dem Idol in die Schweinsäuglein zu gukken.«
32/1986

Überschrift aus dem *Trierischen Volksfreund:* »Nur zehn bundesdeutsche Athleten unter den sogenannten ›Top ten‹.«
40/1986

Aus der Mainzer *Allgemeinen Zeitung:* »Leverkusens Mittelfeld- und Angriffsspieler schlugen phasenweise ein derart hohes Tempo an, daß der Ball Mühe hatte zu folgen.«
47/1986

Überschrift aus den *Reutlinger Nachrichten:* »Alexander Wezel schultert sich Kugel aus.«
17/1987

Die Wiener *Neue Kronen-Zeitung:* »In einem Spiel der oberbayrischen Bezirksliga brach Tormann Peter Michalke (23) vom FC Marktschwaben ohne Feindeinwirkung tot zusammen.«
20/1987

Die Zeitschrift *sport auto* über sowjetische Rallyefahrer: »Außerdem muß man wissen, daß die einheimischen Herren durchweg sehr schnell sind, vor allem aber durch aberwitzige Fahrweise der Deportation in ein sibirisches Arbeitslager zu entgehen versuchen.«
28/1987

Aus der *Hannoverschen Allgemeinen Zeitung:* »Weltrekorde im Weitsprung sind allein schon wegen ihrer Seltenheit eine Rarität.«
33/1995

Aus der *Welt am Sonntag:* »Bei 43 Grad kämpfen die Zehnkämpfer miteinander. Als sich Siegfried Wentz vor dem Hürdensprint seines Trainingsanzugs entledigt, jubelt die ehemalige Olympiasiegerin Heide Rosendahl: ›Sigi hat die Hosen ausgezogen, jetzt gibt er Vollgas.‹ Die Römer flüchten nach Ostia ans Meer.«
38/1987

Aus der *Saarbrücker Zeitung:* »Diese Marke läßt nun endlich hoffen, eines Tages auch Steffi Graf auf Marken der Bundesrepublik zu sehen. Nur muß sie natürlich noch etwas warten, bis sie gestorben ist.«
20/1988

Bild über Fußballnationalspieler Rudi Völler: »Beim Spielchen A gegen B schoß Rudi zwei Tore, trickste, zauberte wie in alten Tagen. Privat auch: Im Januar erwartet Ehefrau Angela ihr zweites Kind.«
24/1988

Aus dem Mitteilungsblatt des Kreisverbandes Konstanz *CDU Intern:* »Eberhard Woll (Hilzingen) hat sich für die Teilnahme an der Weltmeisterschaft im Triathlon auf Hawaii qualifiziert. Der begeisterte Langstreckensportler wurde Bester seiner Altersklasse. Eine außergewöhnliche Leistung, besonders, wenn man weiß, daß er seit 30 Jahren der CDU angehört.«
36/1988

Der Wiener *Kurier* über das Formel-I-Rennen in Estoril: »Berger wurde Augenzeuge, wie Senna und Prost, aber auch Piquet ihre Power fein und genüßlich, gewissermaßen wie eine Pastete, auf den Asphalt strichen.«
44/1988

Die *Bild*-Zeitung in einem »Zeugnis für die Bundesliga«: »Gerd Dais. Der Waldhöfer schlägt Kohler ins Allermännlichste. Bei rückläufigen Geburtenraten können wir uns solche Bundesligaspieler nicht leisten.«
51/1988

Aus der *Allgemeinen Forst Zeitschrift:* »Ausdauersportler leben länger und sterben gesünder.«
5/1989

Aus dem *Badischen Tagblatt:* »Es gibt keine vergleichbare deutsche Rennbahn, die in den letzten Jahren einen derartigen Aufschwung genommen hat wie die in Herxheim. Die Anlage dort wird multifunktional genutzt, noch vor wenigen Tagen kam ein Motorradfahrer dort ums Leben.«
25/1990

Aus dem *Solinger Tageblatt:* »Geschlagen, aber nicht besiegt: Mit hängenden Köpfen zwar, aber erhobenen Hauptes verabschiedeten sich die ›Jugos‹ im Viertelfinale von der WM-Bühne.«
29/1990

Aus dem Berliner *Tagesspiegel:* »Das Rennen trägt den Namen Aalregatta, weil für jedes in Ekkernförde ankommende Boot ein geräucherter Lachs verteilt wird.«
27/1991

Aus der *Hersfelder Zeitung:* »Nach 66 Minuten war das erste und für die nähere Zukunft sicher auch einzige Mixed von Steffi Graf und Boris Becker zu Ende. Trotzdem erhielten sie von den Zuschauern prasselnden Applaus, als sie den Platz verließen und anschließend auf die Pressekonferenz verzichteten und statt dessen ins Bett verschwanden.«
3/1992

Die *Zeit* über das Grand-Slam-Tennisturnier in Paris: »Der Reporter plaudert und plätschert. Und das, während die schrillen, spitzen Schlachtrufe von Königin Monica über Paris gellen, Laute, die man wohlwollend als Kampfesschreie einer Amazone, übelwollend als Brunftschreie einer Eselin charakterisieren könnte. Während sogar unsere sittsame Königin Stefanie plötzlich ein zuchtvolles Stöhnen hören läßt!«
25/1992

Aus der österreichischen Tageszeitung *Der Standard:* »Wer am 30. Juni die Europameisterschaft der Fußballer gewonnen hat, ist Europameister.«
25/1996

Der ZDF-Sportreporter Marcel Reif vor dem Europameisterschaftsspiel Deutschland–Holland in Göteborg: »Die Schwedinnen sind groß und blond. Es gibt auch kleine und dunkelhaarige.«
26/1992

Bruno Labbadia, Stürmerstar beim 1. FC Köln, in einem Sat.1-Interview über sein Tor gegen Bayern München: »Es war einfach nur das Eins-Null, mehr ist das nicht; es wird wieder alles irgendwo hochsterilisiert.«
41/1994

Aus der *Zeit:* »Krabbe gab getürkte Urinproben ab, Schumacher hatte verbotenen Kraftstoff im Tank seines Benetton-Renault. Wer so viel gemeinsam hat, kooperiert womöglich auch. Noch ist unbekannt, welcher Zusatz in Schumachers Benzin war. Ob da am Ende die schnelle Krabbe…«
14/1995

Überschrift aus der *Neuen Westfälischen:* »Leitathletik: Zwölf Bielefelder Frauen unter den ›Top ten‹ in Westfalen«
3/1996

Aus der *Frankfurter Allgemeinen:* »Der Funke von Montreal sprang nicht auf alle über, aber auf die, die ihn entzündeten: Sandra Henderson und Stephane Prefontaine, die gemeinsamen Entfacher der Flamme, heirateten später. Ein weiteres Traumpaar bildeten Springreiter Alwin Schockemöhle und sein Wallach Warwick.«
24/1996

9909

~~10,-~~ 5,-